校企合作系列丛书·

U0665540

企业视觉形象设计实训

主编　徐宸熹　刘　瑀
参编　罗　雄　蒋可扬　王非一
　　　李纯晔　陆仲达　许立贤

WUHAN UNIVERSITY PRESS
武汉大学出版社

图书在版编目(CIP)数据

企业视觉形象设计实训/徐宸熹,刘瑀主编.—武汉:武汉大学出版社,2016.1
校企合作系列丛书·广告设计与制作专业
ISBN 978-7-307-17442-9

Ⅰ.企…　Ⅱ.①徐…　②刘…　Ⅲ.企业形象—视觉形象—设计—高等职业教育—教材　Ⅳ.F270

中国版本图书馆 CIP 数据核字(2015)第 321974 号

责任编辑:徐　纯　孙　丽　　　责任校对:薛文杰　　　　装帧设计:吴　极

出版发行:**武汉大学出版社**　　(430072　武昌　珞珈山)
　　　　　(电子邮件:whu_publish@163.com　网址:www.stmpress.cn)
印刷:武汉市金港彩印有限公司
开本:787×1092　1/16　印张:5　字数:51 千字
版次:2016 年 1 月第 1 版　　2016 年 1 月第 1 次印刷
ISBN 978-7-307-17442-9　　　定价:32.00 元

校企合作开发课程及教材编写委员会

主　任：黄　群
副主任：蔡　红　　马毅鑫
　　　　方　明
委　员：周杰人　　田　春
　　　　罗　雄　　纵瑞昆
　　　　毛履国　　李　娜
　　　　严　威

本书合作企业

BLACK&GOLD DESIGN
上海黑金设计

上海黑金设计有限公司

前　言

　　我国高职高专教育面广、量多，其教学质量的好坏会直接影响国家基础产业的发展。在我国1200多所综合性高职高专院校中，有700多所开设了艺术设计类专业，它已成为继计算机、经济管理类专业后的第三大专业。因其办学历史短，缺乏经验和基础条件，故目前该专业在教学理念、师资队伍建设、课程设置和教材建设等方面都存在着许多明显的问题。编者根据高职高专院校的教学特点，在内容方面强调在应用型教学的基础上，用创造性教学的观念统领本书编写的全过程，并注意做到各章、各节的可操作性和可执行性，淡化传统美术院校讲究的"美术技能功底"，即单纯技术和美学观念，使本书得以更大范围地被推广。

　　本书力图让读者从认识到欣赏再到实践，先以踏实的学习态度理解书中的知识要点，再将所学知识应用到Visual Identity（以下简称VI）设计中。本书由浅入深地介绍VI基础知识、基本原理、应用方法，并根据每一类设计原理及其应用方法，安排了大量具有说服力的优秀作品进行细致分析，讲解效果清晰明确。本书将理论与实践相结合，帮助读者在掌握VI设计知识的同时，也启发读者的设计思路，使其快速、有效地掌握设计方法。

　　由于时间仓促，书中难免存在不妥之处，敬请各位读者批评指正。

编　者

2015年11月

目录
contents

1 知识模块

1.1 VI 设计概述

　　VI,全称 Visual Identity,即视觉设计,通译为视觉识别系统,是将 CI(Corporate Identity System)的非可视内容转化为静态的视觉识别符号。设计到位、实施科学的视觉识别系统是传播企业经营理念、建立企业知名度、塑造企业形象的快捷途径。企业通过 VI 设计,对内可以获得员工的认同感、归属感,加强企业凝聚力;对外可以树立企业的整体形象,整合资源,有控制地将企业的信息传达给受众,通过视觉符号,不断强化受众意识,从而获得认同。

　　可口可乐曾是世界上最具品牌价值的企业,图 1-1 为其 VI 设计;而苹果公司的 VI 则是目前世界上识别度最高的设计之一,见图 1-2。

图 1-1　可口可乐公司的 VI 设计

图 1-2　苹果公司的 VI 设计

　　VI 的历史可谓久远。具有象征意义的动物在民族或国家的意识形态中扮演着重要的媒介角色。远古人类的图腾、古代的洞穴画和岩画可视为最古老的平面设计。原始部落的共同信仰、生活方式、图腾标志、服饰打扮和语言习惯使部落之间形成个性鲜明的形象界定。这是早期部落之间形成的无意识的形象识别。奴隶社会的视觉符号是城邦、家族通过族徽、服饰和行为习惯,形成的对内外的阶级划分和城邦间的形象区分。中世纪的视觉符号,如一些国家有着大量宗教的象征——"徽记""标识",以及代表贵族身份和地位的"纹章"(图 1-3、图 1-4)。纵观历史的社会行为,其都带有明确的标识、统一的服装、有特点的建筑、高度认同的理念及鲜明的形象。

图 1-3　欧洲家族纹章

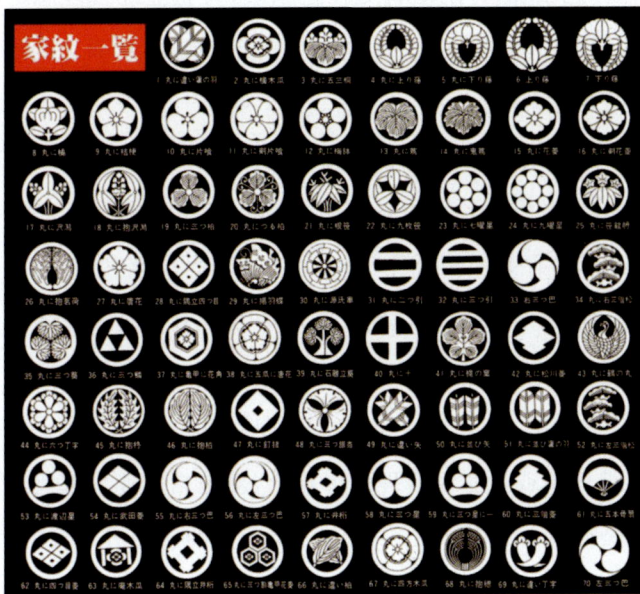

图 1-4　日本家族纹章

　　近现代的 VI 是在第二次世界大战后和平主义运动的蓬勃发展以及资本主义经济在度过一次次经济危机中得到发展的。日本、美国很快便发现了设计与管理这两股巨大的力量。日本和美国全面推行视觉识别系统，使 VI 走向成熟阶段。视觉识别系统从诞生至今已有五十多年的历史了。

1.2　CI 的含义及特征

　　CI 也称 CIS，是英文 Corporate Identity System 的缩写，目前一般译为"企业形象识别系统"。CI 设计，即有关企业形象识别的设计，包括企业名称、标志、标准字体、色彩、象征图案、标语、吉祥物等方面的设计。

　　CI 是一种系统的名牌商标动作战略，是企业的目标、理念、行动、表现等所共有的统一要领，是企业在内外交流活动中把自身整体向上推进的经营策略中重要的一环。

　　企业实施 CI 战略往往能使其在各方面发生积极的变化，从而综合作用于企业的相关组织和个人，产生全方位的功效。CI 设计是 20 世纪 60 年代由美国首先提出的，70 年代在日本得以推广和应用，它是现代企业走向整体化、形象化和系统管理的一个全新的概念。

其定义是:运用整体传达系统(特别是视觉传达系统)将企业经营理念与精神文化传达给企业内部与大众,并使其对企业产生一致的认同感或价值观,从而达到形成良好的企业形象和促销产品目的的设计系统。

CI 是企业大规模化经营而引发的企业对内、对外管理行为的体现。当今国际市场竞争愈来愈激烈,企业之间的竞争已不再是产品、质量、技术等方面的竞争,已发展为多元化的整体竞争。企业欲求生存必须从管理、观念等方面进行调整和更新,制订出长远的发展规划和战略,以适应市场环境的变化。现在的市场竞争首先是形象的竞争。为统一和提升企业的形象,使企业形象表现出符合社会价值观要求的一面,企业就必须进行形象管理和形象设计。

CI 设计是以企业定位或企业经营理念为核心,对包括企业内部管理、对外关系活动、广告宣传及其他以视觉和音响为手段的宣传活动在内的各个方面,进行组织化、系统化、统一性的综合设计,力求使企业所有方面以一种统一的形态展现于社会大众面前,形成良好的企业形象。

CI 作为企业形象一体化的设计系统,是一种建立和传达企业形象的完整和理想的方法。企业可通过 CI 设计对其办公系统、生产系统、管理系统及经营、包装、广告等系统形成规范化设计和规范化管理,由此来调动企业每个职员参与企业发展的积极性。通过一体化的符号形式来划分企业的责任和义务,企业在各职能部门中能有效运作,建立起与众不同的形象,从而使企业产品与其他同类产品区别开来,在同行中脱颖而出,创造品牌效应,占有市场。

CI 的实施,对内可使企业的经营管理走向科学化和条理化,趋向符号化,根据市场和企业的发展有目的地制订经营理念,制订一套能够贯彻的管理原则和管理规范,以符号的形式参照执行,使企业的生产过程和市场流通流程化,以降低成本和损耗,有效地提高产品质量;对外则是利用各种媒体统一推出,使社会大众大量地接受企业传播的信息,建立起良好的企业形象来提高企业及产品的知名度,增强社会大众对企业形象的记忆和对企业产品的认购率,使企业产品更为畅销,为企业带来更好的社会效益和经济效益。

1.2.1　CI 设计的组成要素

CI 由理念识别(Mind Identity,MI)、行为识别(Behavior Identity,BI)和视觉识别(Visual Identity,VI)三方面构成(图 1-5)。

图 1-5　CI 的组成

1.2.1.1　理念识别

理念识别是确立企业独具特色的经营理念,是企业生产经营过程中设计、科研、生产、营销、服务、管理等的识别系统,是企业对当前和未来一个时期的经营目标、经营思想、营销方式和营销形态所做的总体规划和界定。其主要包括企业精神、企业价值观、企业信条、经营宗旨、经营方针、市场定位、产业构成、组织体制、社会责任和发展规划等,属于企业文化的意识形态范畴。

1.2.1.2　行为识别

行为识别是企业实际经营理念与企业文化对企业运作方式所做的统一规划而形成的动态识别形态。它是以经营理念为基本出发点,对内是建立完善的组织制度、管理规范、职员教育、行为规范和福利制度;对外则是开拓市场,进行产品开发,通过社会公益文化活动、公共关系、营销活动等方式来传达企业理念,以获得社会公众对企业的认同(图 1-6)。

图 1-6　经过训练的快餐店的服务员具有统一的行为识别

1.2.1.3　视觉识别

视觉识别是以企业标志(logo)、标准字体、标准色彩为核心展开的完整、系统的视觉传达体系,是将企业理念、文化特质、服务内容、企业规范等抽象语意转换为具体符号,以塑造出独特的企业形象。视觉识别系统分为基本要素系统和应用要素系统两方面。基本要素系统主要包括企业名称、企业标志、标准字体、标准色彩、象征图案、宣传口语、市场行销报告书等。应用要素系统主要包括办公事务用品、生产设备、建筑环境、产品包装、广告媒体、交通工具、衣着制服、旗帜、招牌、标识牌、橱窗、陈列展示等。视觉识别在 CI 中最具有传播力和感染力,最容易被社会大众所接受,占有主导地位。图 1-7～图 1-10 为伦敦奥运会的 VI 设计。

图 1-7　伦敦奥运会的 VI 设计(一)

图 1-8　伦敦奥运会的 VI 设计(二)

图 1-9　伦敦奥运会的 VI 设计(三)

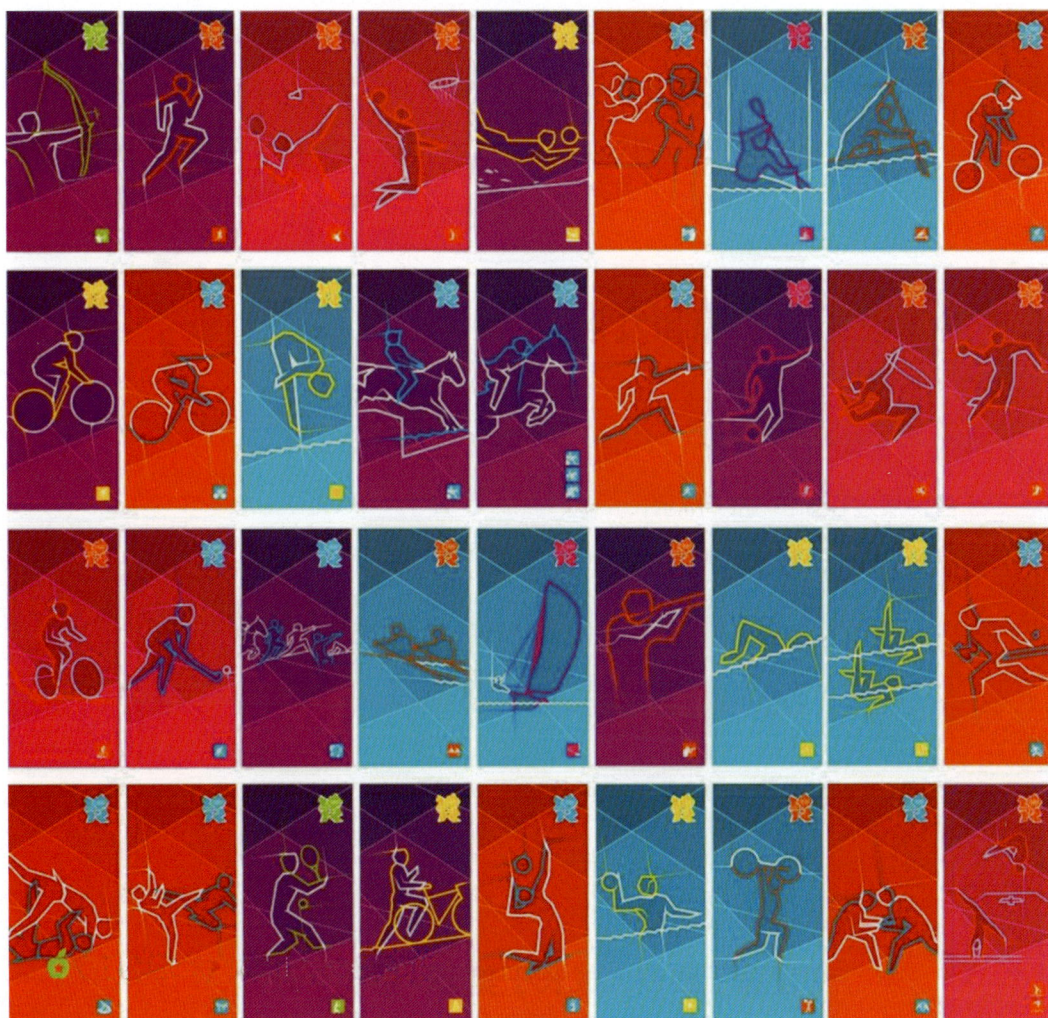

图 1-10　伦敦奥运会的 VI 设计(四)

在 CI 设计中,VI 设计是最外在、最直接、最具有传播力和感染力的部分。VI 设计将企业标志的基本要素有效呈现,形成企业固有的视觉形象,通过视觉符号的设计统一传达企业精神与经营理念,以便有效地推广企业及其产品的知名度和形象。因此,企业形象识别系统是以视觉识别系统为基础的,并将企业的基本精神充分体现出来,使企业产品名牌化,同时对推进产品进入市场起着直接的作用。VI 设计从视觉上表现了企业的经营理念和精神文化,从而形成独特的企业形象,就其本身而言又具有形象的价值。

1.2.2 CI 设计与 VI 设计的区别

形象地说,CI 就是一支军队,MI 是军心,是军队投入战争的指导思想,是最不可动摇的一部分;VI 是军旗,是军队所到之处的形象标志;而 BI 则是军纪,它是军队取得战争胜利的重要保证。企业形象设计(Corporate Design)是对公司或机构标志、名称样式等和企业形象有关的元素进行的官方的图形设计。被设计的元素通常会被应用于公司或机构的广告、函件题头、宣传册、信封、幻灯片等。设计师通过对所有元素进行形式上的独特设计从而形成一个风格。形象设计通常可能包含选用什么字体、着色时使用什么油墨等工作。

1.3 VI 设计的起源和发展

VI 的发展过程如图 1-11 所示。

VI发源于欧洲,成长于美国,深化于日本
初期　　　　中期　　　　成熟期

图 1-11 VI 的发展过程

1.3.1 早期的 VI 设计

1871 年普法战争结束至 1914 年第一次世界大战爆发,欧洲有近 40 年的和平时期,人民生活在浪漫与幻想之中,那时的设计或多或少都带有怀旧的色彩,比如工艺美术运动、新艺术运动,它们力图阻止工业化的出现。第一次世界大战让人们产生了恐惧,忧患意识取代了对未来的美好憧憬,形成了一个特殊观点:如果机械失控会屠杀人类自身。这是人类第一次对大规模的工业化产生的消极结果做出判断。当时的欧洲正处在一个很不安定的状况,社会民主思想开始逐渐移入一批清醒的设计师脑中,他们努力从建筑设计领域着手改良社会,提出"设计是为大众"的观点,这些人成为现代设计的核心。德国的设计立场就是受社会工程和社会工作立场影响的,它强调设计怎样为德意志民族创造更好的条件。包豪斯(即公立包豪斯学校,Bauhaus)的第一任校长、著名的建筑师沃尔特·格罗皮乌斯(Walter Gropius)曾说:"我的设计要让德国公民的每个家庭都能享受 6 个小时的日照。"由此可见,他们进行的是"社会工程活动",即对社会进行工程化的改革。"少即是多"(less is more)的现代设计形式不是对形式考虑的结果,而是以解决问题、满足大众基本生活需要为目的的结果,它产生的原因是社会民主思想,目的则是创造廉价的、可以批量生产的产品。

从现代意义上来说,世界上最早的 VI 设计是 1908 年德国 AEG 电器的 VI 设计,设计者是彼得·贝伦斯(Peter Behrens,1868—1940)(图 1-12)。他是德国现代主义设计的重要奠基人之一,著名建筑师,工业产品设计的先驱,也是"德国工业同盟"的首席建筑师,同时他也是世界现代主义建筑大师沃尔特·格罗皮乌斯、密斯·凡德·罗、柯布西耶的老师。

图 1-12 最早的 VI 设计者彼得·贝伦斯及其作品

1.3.2 第二次世界大战后的 VI 设计

第二次世界大战后,为了追寻包豪斯早期的理想主义,德国建立了乌尔姆设计学院(Hochschule für Gestaltung, Ulm),重申"艺术与科学结合"的主张。这所学院最大的贡献是将系统设计和设计院校同企业挂钩。可以说,从德国开始现代设计以来,这是第一次有可能把理想的功能主义完全在工业生产上体现出来。乌尔姆的教育体系对第二次世界大战后的设计教育起了引导作用,创造了模式,奠定了基础。

因为德国设计师更多考虑的是设计和人的物理关系(如尺寸、模数的合理性等),所以德国的设计是冷静的、高度理性的,甚至是不近人情的,以致有时缺乏对设计和人的心理关系的考虑。北欧的现代设计却十分注意这一关系,它的地理位置是决定因素。斯堪的纳维亚国家所处的纬度偏高,冬天的日照时间只有两三个小时,人们更多是在室内活动,使得人和室内陈设的关系极为密切,这就要求设计必须注意人的心理感受。建筑大师阿尔瓦·阿图(Alvar Aalto)等人提出要走德国人的理性主义道路,但不用德国设计中简单的几何外形。他们的设计采用某些有机形态(如弯曲线)和原始材料(如木材),被称为"有机功能主义"。南欧的设计,意大利最为突出。意大利人把设计当作一种文化来看待,不单纯把它看作赚钱的工具,于是小批量和高品位成了意大利设计的优势,这体现在那些别具一格的家具、汽车、鞋等的设计上。

1.3.3 VI 设计在美国的发展

美国的设计体系与欧洲的设计体系是泾渭分明的。欧洲的设计先由理念切入,然后有明确的设计目标。美国则是做完设计之后才加以总结,与欧洲弥漫着社会民主气息的设计完全不同。美国的设计起源于商业,加之没有社会意识形态为依据,曾经一度跟着市场走。美国虽然缺乏社会思辨,却非常注重实用,并且有十分强大的经济实力,它以雄厚的经济实力兼收并蓄、容纳各种积极因素,令自己的设计很快就取得了领先地位。

1933 年,包豪斯关闭之后,包括沃尔特·格罗皮乌斯、汉斯·迈耶(Hannes Meyers)、密斯·凡·德·罗在内的 500 多人移居美国,对美国设计产生了积极的影响。他们的到来使以往没有理论基础的美国设计有了主心骨——设计的伦理、思想意识、教学体系。这些都为美国设计的飞跃埋下了伏笔。在中产阶级占主导地位的美国社会环境中,包豪斯主张的为大众设计的观念被湮没了。但美国提供的广袤土地和强大的经济支持再次燃起了建筑师们的热情,一座座建筑拔地而起,国际主义风格诞生了,它是美国的商潮同德国的理念结合的产物。这种风格逐渐波及世界各地,产生了广泛的影响。

其中最著名的 VI 设计者是保罗·兰德(图 1-13)和索尔·巴斯(图 1-14)。保罗·兰德被乔布斯誉为世界上最伟大的平面设计师,因为他不仅设计 logo,还是最早的 VI 设计执行者。他是美国第一个应用瑞士平面设计风格的商业艺术家,是当今美国乃至世界上最杰出的图形设计师、思想家及设计教育家之一。与保罗·兰德相比,索尔·巴斯更像一个艺术家,他曾为著名企业机构 AT&T、联合航空公司、罗克韦尔国际公司等设计;他同时也是世界上最早的动态图形设计者,这个著名的动态图形设计作品就是电影《金臂人》的片头动画。

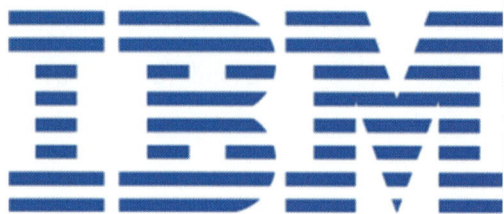

图 1-13　VI 设计者保罗·兰德及其作品

图 1-14　VI 设计者索尔·巴斯及其作品

1.3.4　VI 设计在日本的发展

北欧人认为包装设计是他们生活的组成部分,美国人以之为赚钱的工具,日本人则认为设计是民族生存的手段。由于日本是一个岛国,自然资源相对贫乏,出口电器便成了它重要的经济来源。因此,设计的优劣直接关系到国家的经济命脉,以致日本设计受到政府的关注。日本的设计从 20 世纪 50 年代起步,其特有的民族性格使自己的设计变得十分强大。日本人能对国外有益的知识进行广泛学习,并融会贯通,最终为己所用。同时,日本的民族精神中团体精神很强,使企业内部的力量比较容易完全集中。日本的传统文化中有两个因素使它的设计没走弯路:一个是少而精的简约风格;另一个是他们在生活中形成了以榻榻米为标准的模数体系,这令他们很快就接受了从德国引入的模数概念。空间狭小使日本人喜爱小型化、标准化、多功能化的产品,这恰恰符合国际市场的需求,导致出现日本的电器产品引导世界潮流、横扫世界市场的态势。图 1-15 和图 1-16 为日本的 VI 设计。

图 1-15　优衣库的 VI 设计

图 1-16　索尼的 VI 设计

1.3.5　VI 设计在中国的发展

20 世纪五六十年代是美国的 VI 潮,70 年代是日本的 VI 潮,到了 80 年代末期,处于我国改革开放前沿的沿海一些地区首先接触到了 VI 这个崭新的概念。我国最早接触 VI 的是美术设计人员。广州美术学院设计系于 1987 年成立了广东省集美广告有限公司,开始实践 VI 策划。同年,一批从广州美术学院毕业的学生组建了广东省白马广告有限公司,随后广州新境界广告有限公司、黑马广告有限公司、天朗企业形象设计广告公司相继成立。他们先后为广东太阳神集团有限公司、李宁运动服装有限公司、科龙公司等企业进行 VI 设计和推广工作。随着一些先导入 VI 企业的成功,不少内陆地区的企业也设计并导入了 VI。在较短的时间内,从事 VI 业务的广告公司、设计公司不断增多。很快,VI 大潮由沿海向内陆渗入。大大小小的广告公司、设计公司、媒体也给予 VI 十足的关注,中共中央党校和原国家经济体制改革委员会及其他相关部门也成立了相关的组织并召开相关的研讨会,各种 VI 战略研讨班遍地开花。1988 年广州新境界广告有限公司为广东太阳神集团有限公司导入了新标识,使广东太阳神集团有限公司的产值很快增至 1994 年的 12 亿元。这引起了学术界、企业界、广告界对 VI 的强烈关注,令企业经营管理者重新审视企业文化,策划企业形象被作为中国企业走向市场、迎接市场挑战的重要发展方略。太阳神和中国银行是这一时期中国最具代表性的 VI 设计(图 1-17)。

图 1-17　太阳神和中国银行的 VI 设计

1.4　为什么要做 VI 设计

VI 是将企业的基本理念转化成系统化的视觉传达形式,塑造与企业经营理念、行为规范相一致的视觉形象。企业在激烈的竞争中,迫切需要差别化的视觉识别来建立和维护企业及产品的形象和荣誉。VI 的传播力与感染力最为具体和直接,可把企业的基本精神及特色更清晰地表现出来。根据心理学家的研究,视觉感官获得的信息量在人们日常接受的外界刺激中所占比重最高达83％。

企业的视觉形象识别是在企业经营理念的指导下,利用平面设计等手法将企业的内在气质和市场定位视觉化、形象化的结果;是企业作为独立法人的社会存在与其周围的经营及生存的经济环境和社会环境相互区别、联系和沟通的最直接和常用的信息平台。

企业视觉形象与企业视觉形象识别并不是一个概念。前者是企业与生俱来的客观存在要素,也就是说无论一个企业是否制订了它的VI,也无论其所制订的VI是否成功,该企业的企业视觉形象都是存在的,只不过是好坏的差异罢了,而好的企业视觉形象则无疑是依赖于一套优秀的VI设计。

一个优秀的VI设计对一个企业的作用在于:

① 在明显地将该企业与其他企业区分开来的同时又确立该企业明显的行业特征或其他重要特征,确保该企业在经济活动当中的独立性和不可替代性;明确该企业的市场定位,属于企业无形资产的一个重要组成部分。

② 传达该企业的经营理念和企业文化,以形象的视觉形式宣传企业。

③ 以自己特有的视觉符号系统吸引公众的注意力并使公众产生记忆,使消费者对该企业所提供的产品或服务产生最高的品牌忠诚度。

④ 提高该企业员工对企业的认同感,鼓舞士气。因此,没有VI对于一个现代企业来说,意味着它的形象将消失在茫茫的商海之中,让人辨别不清;意味着它是一个没有灵魂的赚钱机器;意味着它的产品与服务毫无个性,消费者对它若即若离;意味着团队的涣散和士气的低落。

英国维珍(Virgin)公司(图1-18、图1-19)的业务范围包括航空、旅游、音像零售、饮料、金融保险等,跨度非常大,但是由于该公司很成功地在其各个商业领域里严格地实行了统一的VI系统,使其品牌形象得到了很好的延伸。你在华灯闪烁的纽约时代广场巨型Virgin音像商店享受到良好服务的体验很可能促使你产生在阳光明媚的夏威夷海滩上购买一听Virgin牌口味怪异的冰凉饮料的冲动。创建于20世纪70年代,而发迹于90年代的咖啡连锁店星巴克(Starbucks)(图1-20)更是在其重新整合的VI设计风格上独树一帜,其商标中所使用的色彩和西文字体都与传统的欧美咖啡店迥然不同,结果是该公司在美国的经营一路凯歌,并且在本无咖啡文化的中国也得到了长足的发展。其实,VI设计对企业商业运作作用的最好例子也许表现在运动时装行业:在很多情形下,一位消费者决定是购买一套耐克还是阿迪达斯的运动服往往仅仅取决于他(她)是喜欢耐克的钩子还是阿迪达斯的三道杠(图1-21、图1-22)。

图 1-18　维珍公司的飞机业务

图 1-19　维珍公司的 logo

图 1-20　星巴克公司的 logo

图 1-21　耐克公司的 logo

图 1-22　阿迪达斯公司的 logo

　　从市场营销的角度来看,20 世纪五六十年代商品的竞争主要体现在价格的竞争;七八十年代商品的竞争主要体现在质量的竞争;而随着科技的进步和各个生产企业生产手段的日益接近,许多同类型商品在价格和质量方面都已难分伯仲,90 年代以后,商品的竞争主要体现在产品设计的竞争。这里所说的产品设计包括产品的工业设计、包装设计、店面促销设计及售后服务设计等,而所有这些设计事实上都是基于该企业的 VI 设计,或者说都是 VI 设计的应用或延伸。但是,VI 也是一把双刃剑:优秀的 VI 设计固然能帮助提升企业的形象、促进企业的发展;但失败的 VI 设计也一定会为企业形象带来负面影响,妨碍企业更上一层楼。

　　一个 VI 设计的失败往往表现在:

　　① 对该企业的视觉定位模糊不清,让人觉得似是而非或产生不正确的联想。

　　② 视觉效果与企业经营范围和理念乃至企业文化的精髓相去甚远甚至背道而驰。

　　③ 设计师的平面设计功力不足,作品缺乏内在的逻辑性和外在的美感。

　　④ 过于追求时尚,缺乏长久的生命力。

　　⑤ 复制别人和自我复制。

1.5　VI 设计在中国的现状

目前,我国 VI 设计水平从整体上来看是参差不齐。造成这种局面有两个方面的原因:企业决策者的原因与设计师的原因。从企业决策者的方面来看,由于对 VI 设计缺乏专业的认识,不少企业的决策者们在策划和确定企业的 VI 系统时不是把它作为一项对企业发展有着举足轻重地位的系统工程,而是匆忙上马、敷衍了事,或是完全凭借个人品位对设计师的提案给予过分指导和干涉(在大部分情形下,设计师为了确保设计项目不流失而无原则地屈从于这种指导和干涉),因此导致了非常不具专业水准甚至是失败的 VI 设计的产生,从而对企业的经营和产品的营销都产生了极其负面(潜在)的影响。图 1-23 是中国的 logo 设计。

1.5.1　VI 设计的水平参差不齐

必须承认,这种负面影响在我国商品经济尚未完全形成的情况下似乎表现得尚不明显。在我国的经济生活中,存在着大量知名甚至是成功的企业和产品却拥有着不尽如人意的 VI 设计的现象,但是,进入 WTO 以后的中国市场,在面对一个个打扮得光鲜亮丽的国外同行时,又会是一个什么样的局面呢? 不能否认,企业家们作为企业的经营者或创始人,往往比设计师们更能准确地把握企业的理念。然而在企业决策者的头脑中,这些理念都是以文本或是模糊的文本格式存在的。企业决策者之所以要请设计师来设计,无非是要将文本格式的企业理念视觉化。设计师的工作是极具专业性的,企业家们一般不会对一个技术专家提出的技术方案指手画脚,为什么要对一个设计方案品头论足呢? 一个成熟的企业家应当清醒地意识到 VI 设计绝不是可有可无或是为企业涂脂抹粉、装点门面,它的意义在于将文本格式的企业理念最准确、有效地转化成易于被人们识别、记忆并接受的一种视觉上的符号系统;与文本格式的系统中存在语法、修辞等规则一样,在视觉格式的系统里,也有着自己独立的法则和规范,不是任何未经训练的非专业人士都可以玩的简单游戏。从设计师方面来说,目前国内大量不负责任的所谓设计或咨询公司急功近利,雇用了一些未经过学校系统专业训练的“设计师”从事设计,加上一些家庭作坊式的“个人工作室”大量存在,也是造成国内 VI 设计水平参差不齐的一个重要原因。电脑及电脑辅助设计软件的迅速普及也加剧了这种现象的蔓延:许多原先学过美术或只是喜爱美术的人一旦用一两个星期的时间掌握了电脑的使用,就以为自己可以堂而皇之地为一家企业或团体设计 VI 了。这种现象表现在 VI 设计的价格上就是几十万元的制作价格与几百元的制作价格并存的十分难堪的局面,表现在 VI 设计的创作水平上就是大量的恶俗作品与少量优秀作品同行的尴尬现实。

1.5.2 VI 设计的本土化缺失

很多中国的家电和汽车生产企业在解决产品的工业设计水平落后这一问题上,都是把问题连同订单直接交给欧洲的那些大牌的工业设计师。然而,当中国的企业家们想用同样的办法解决企业的 VI 设计时,却遇到了这样的麻烦:VI 设计是平面设计的一个分支,而平面设计和其他各种设计最大的区别在于它是一个最接近文本格式的信息传达,甚至是与文字本身紧密相关的一种设计(很多企业的 logo 都是由中文或是中文加上标识组成的),国外再大牌的设计师在遇到天书似的汉字时也只能望而却步。即便是世界著名的设计公司朗涛公司(Landor)也只能通过在中国台湾和香港设立分支机构,雇用在西方受过系统设计专业训练的中国本土设计师来进入中国市场。这会使得他们的设计成本大大高于土生土长的中国设计公司的设计成本。而且从 Landor 为中国的一些企业〔如改版的科龙公司、容声公司和美的电器(图 1-23、图 1-24、图 1-25)等〕所设计的作品来看,其水平也未见得超过本土上乘设计公司的作品。

图 1-23 科龙公司的 VI 设计

图 1-24 容声公司的 VI 设计

图 1-25 美的电器的 VI 设计

随着中国经济的发展,不但所有中国的企业将会越来越多地需要创造性的劳动,而且所有想进入中国市场的外国企业也必须因为本土设计师与生俱来的在中国文字和文化方面的优势向其张开热情的怀抱。但同时,与工程师、会计师、建筑师一样,平面设计师也是一个极具专业性的职业。笔者对这个专业性的理解是,专业的职业训练,专业的工作程序,专业的工作态度和专业的作品设计。一个人只有尊重自己,才能够被别人尊重,一个职业只有被拥有这个职业头衔的人尊重才能被社会尊重。

"设计是生活中一件美好的事情"。但是,望着窗外那些从20世纪五六七十年代留下来的一幢幢毫无生气、毫无风格、毫无个性,同时也毫无使用功效可言的灰色、红色的建筑时,不得不令人感慨,失败的设计绝不是美好的,失败的设计甚至还不如没有设计:一个失败的建筑设计,往往由于它所承载着相当巨大的财富价值,人们也不会在短时间内将它推倒重建,丑陋的设计将以其丑陋伴随人们一个相当长的时期,污染着人们的视觉,损害着人们的心灵。因此,从某种意义上来说,一个失败的建筑设计,就是在社会财富和文化方面的失误甚至"犯罪"。而失败的平面设计由于其载体的相对低廉和影响时效的相对短暂,似乎可以逃过这一"罪名"。但是对于一个追求永续发展的企业来讲,VI系统的确立无疑是该企业无形资产的一个重要组成部分,对该企业而言也可称得上是百年大计,不可动辄改弦更张。因此,一个不成功的或是糟糕的VI设计,对于这个企业、服务于这个企业的职工、这个企业的股东、这个企业的客户或是消费者来说也同样是一种"犯罪"。这绝不是危言耸听,而是任何一个富有社会责任感的知识分子都应该进行的严肃的思考。VI是任何一个企业都必须严肃面对的问题。让我们都远离失误和"犯罪";让我们的企业家和设计师在追求利益的同时还能保持职业道德和社会责任感,让专业人员去做专业的事情。

1.6　VI设计的发展趋势

企业VI设计中,越来越多地考虑把企业名称、品牌名称和徽标同一化,这是信息社会经济发展越来越快的刺激作用所导致的。能够拥有一个简洁明了的公司标识来代表公司名称、品牌名称和徽标固然是大多数企业所期待的,但是在现实中,这种充满了艺术性和创造性的标识并不是可以轻易获得的,它往往需要企业管理者和企业形象识别设计师付出艰辛的劳动。

汉诺威世博会的 VI(图 1-26)是世界上最早使用动态识别的 VI 设计。

图 1-26　汉诺威世博会的 VI 设计

企业 VI 设计是一个完整且极具参考价值的视觉设计体系,每个企业所用的 VI 设计结构中都有不同比重的基础应用和辅助应用,两者之间的关系就如同人类身体构造中的骨骼与肌肉,前者可以实现整体形象的构建,后者可以把控好每个环节的应用管理。在未来的一段时间内,辅助图形在企业 VI 设计中会经历一个更加具象化的变化,其对于视觉形象动态化的展示作用也会越来越重要。下面就来看看其在不断变化中的发展趋势吧!图 1-27 是使用动态识别的 VI 设计。

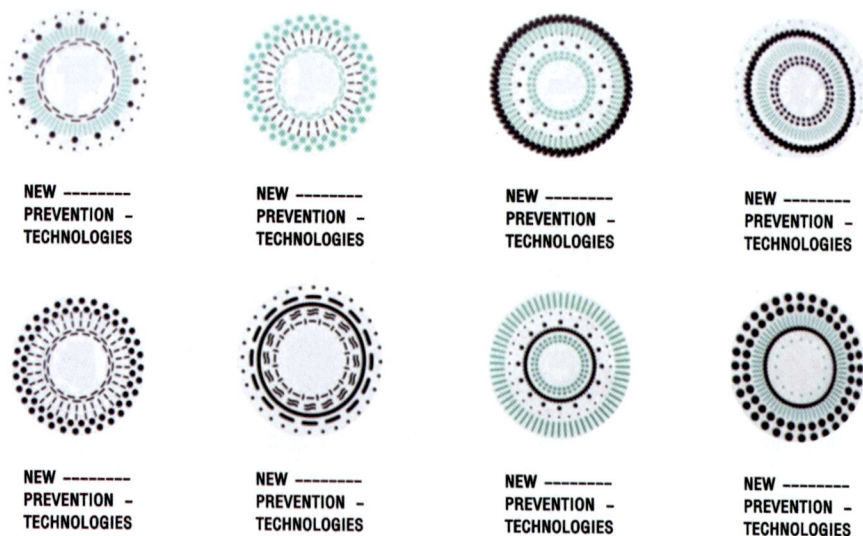

图 1-27　使用动态识别的 VI 设计

由于应用媒介的局限性,辅助图形的设计多为平面和静态的形式,随着数字技术的发展及其应用的普及,未来辅助图形设计在视觉形式上将越来越呈现出动态化的特点(图 1-28)。视觉形式的动态化会使 VI 中的辅助图形不仅停留在信息传递阶段,它更可以有一个完整的立体化"交互"过程,实际上就是在抽象思维的层面上和这个图形产生了某种意义上的"沟通"与"交流"。

图 1-28　英国著名的泰特美术馆使用动态识别的 VI 设计

辅助图形设计会随着 VI 设计的发展逐渐形成图形语言的共性化状态。除了声音语言与文字语言之外,图形是一个能够跨越地区、种族的信息传递方式,在很多时候,它的作用远远超越了声音语言和文字语言。图形更大的优点还在于它的世界共通性。产品的辅助图形是企业除标语之外传递信息的最便捷有效的工具。很多时候,品牌产品面对的不只是一个国家或者一个文化地域的消费者。这时,便会出现一种超越本土范畴的文化认同和价值认同,也就是超越了国家、社会制度、社会意识形态的一种带有普遍性的文化认同。辅助图形设计已经出现了比较共性化的规律,且具有较强的融合性。

好的 VI 设计的最终目的是以人为核心,为人提供更好的服务。这个问题同样存在于辅助图形设计当中。作为 VI 的基本元素之一,辅助图形使用的范围较广,根据不同的需要,它可以出现在 VI 应用系统中绝大多数的物品上,可以说品牌的形象很大程度上是借助辅助图形来实现的。辅助图形的人性化设计实际上解决的是一个"适合"的问题,从细微处对人的关爱可以显示出品牌和设计者"以人为本"的理念。未来这种从人性角度出发的辅助图形设计在品牌的 VI 设计中将会有更加充分的体现。

2　实　训　模　块

VI设计的基本要素系统严格规定了标志、图形、中英文字体字形、标准色彩、企业象征图案及其组合形式，从根本上规范了企业视觉形象设计的基本要素。基本要素系统是企业形象的核心部分，企业基本要素系统包括企业名称、企业标志、标准字体、标准色彩、象征图案、组合应用和企业标语口号等。VI设计一般包括基础部分和应用部分两大内容。

2.1　VI设计的基础部分

VI设计的基础部分(图2-1)包括企业名称、企业标志、标准字体、标准色彩、辅助图形、标准印刷字体、禁用规则等。

2.1.1　企业名称

企业名称是其区别于其他企业最为直接的标识。企业名称与企业形象有着紧密的联系，是VI设计的前提条件，其采用文字来表现识别要素。企业名称的确定必须要反映出企业的经营思想，体现企业理念；要有独特性，发音响亮且易识易读，注意谐音的意义，以避免引起不佳的联想。名字的文字要简洁明了，同时还要注意国际性，适应外国人的发音，以避免外语中的错误联想。在表现或暗示企业形象及商品的企业名称时，应与商标，尤其是与其代表的品牌相一致，也可将市场上较有知名度的商品作为企业名称。企业名称的确定不仅要考虑传统性，还要考虑到以下几个因素。

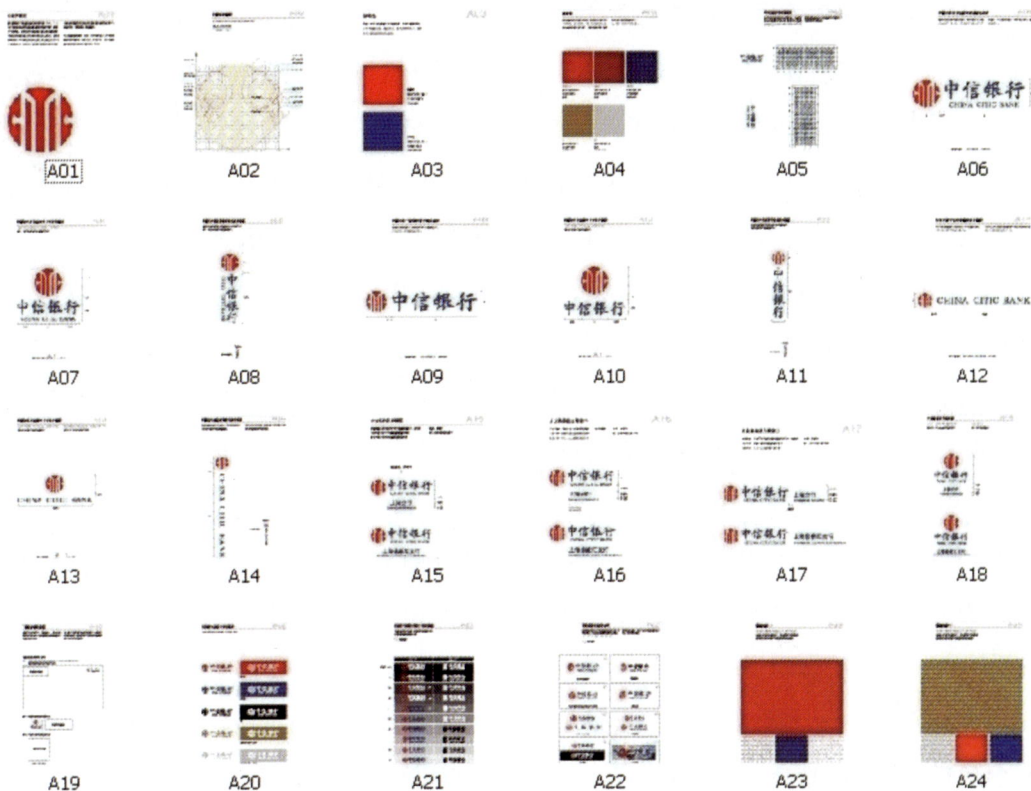

图 2-1 VI 手册中的基础部分

2.1.1.1 名称的合法性

合法性是指能够在法律上得到保护,这是品牌命名的首要前提,再好的名字,如果不能注册,得不到法律保护,就不是真正属于自己的品牌。在 2000 年的保暖内衣大战中,"南极人"品牌(图 2-2)就是由于缺乏法律保护而被数十个厂家共享,一个厂家所投放的广告费为大家做了公共费用,非常可惜。大量厂家对同一个品牌开始了掠夺性的开发使用,使得消费者不明就里,面对同一个品牌,却是完全不同的价格、完全不同的品质,最后消费者把账都算到了"南极人"这个品牌上,逐渐对其失去了信任。

图 2-2 "南极人"品牌

2.1.1.2　各国文化的影响

由于世界各国、各地区消费者的历史文化、风俗习惯、价值观念等存在一定差异，故他们对同一品牌的看法也会有所不同。在这一个国家是非常美好的意思，可是到了另一个国家其含义可能会完全相反。比如蝙蝠在我国，因蝠与福同音，被认为是美好的联想，因此在我国有"蝙蝠"电扇；而在英语里，蝙蝠翻译成的英语 bat 却是"吸血鬼"的意思。

我国的绝大多数品牌，由于只以汉字命名，在走出国门时，便让当地人感到莫名其妙，有一些品牌采用汉语拼音作为变通措施，被证明也是行不通的，因为外国人并不懂拼音所代表的含义。如长虹（图 2-3），以其汉语拼音 CHANGHONG 作为附注商标，但 CHANGHONG 在外国人眼里却没有任何含义；而海信（图 2-4）则具备了全球战略眼光，注册了"Hisense"的英文商标，它来自 high sense，是"高灵敏、高清晰"的意思，这非常符合其产品特性。同时，high sense 又可译为"高远的见识"，体现了品牌的远大理想。可以说，品牌名已成为国内品牌全球化的一道门槛。在中国品牌的国际化命名中，由于对国外文化的不了解，一些品牌陷于尴尬的境地。"芳芳"化妆品在国外的商标被翻译为"FangFang"，而 fang 在英文中是指"有毒的蛇牙"，如此一来，还有谁敢把有毒的东西往身上涂，"芳芳"化妆品的受挫也就是情理之中的事情了。当然，不仅是国内品牌，国际品牌在进入不同的国家和地区时，也有犯错的时候。Whisky 是世界知名的酒类品牌，进入香港和内地，被译成"威士忌"，被认为"威严的绅士忌讳喝它"，所以绅士们自然对它有所顾忌；而 Brandy 被译成"白兰地"，被认为是"洁白如雪的兰花盛开在大地上"，意境优美之极，绅士们自然更愿意喝它。

图 2-3　"长虹"品牌名

图 2-4　"海信"品牌名

2.1.1.3 命名的易识别性

为品牌取名也要遵循简洁的原则。今天,我们耳熟能详的一些品牌莫不如此,青岛、999、燕京、白沙、小天鹅、方太、圣象等,都非常简单好记。IBM(图 2-5)作为世界上最大的电脑制造商之一,被誉为"蓝色巨人"。它的全称是"国际商用机器公司"(International Business Machines),这样的名称不但难记,而且不易读写,在传播上首先就自己给自己制造了障碍。于是,国际商用机器公司设计出了简单的 IBM 字体造型对外传播,终于造就了其高科技领域的领导者形象。

图 2-5　IBM 的品牌名

吉普(Jeep)(图 2-6)汽车的车身都带有 GP 标志,并标明是通用型越野车,Jeep 即为"通用型"的英文 General Purpose 首字缩写 GP 的发音。但有另一种来源之说,称其来源于一部连环画中的一个怪物,这个怪物总是发出"吉——普,吉——普"的声音。Jeep 的品牌名非常易于发音和传播。

图 2-6　Jeep 品牌名

2.1.2　企业标志

企业标志可分为企业自身的标识和商品的标志。其应具有识别性、系统性、统一性、形象性和时代性等。

企业标志是特定企业的象征与识别符号,是 VI 设计系统的核心基础。企业标志是通过简练的造型、生动的形象来传达企业的理念、具体内容、产品特性等信息。标志的设计不仅要具有强烈的视觉冲击力,还要表达出独特的个性和时代感,必须广泛适应各种媒体、材料及用品的制作,其表现形式可分为:① 图形表现(包括再现图形、象征图形、几何图形);② 文字表现(包括中外文字和阿拉伯数字的组合);③ 综合表现(包括图形与文字的结合应用)。企业标志要以固定不变的标准原型在 VI 设计形态中应用,因此必须绘制出标准的比例图,并表达出标志的轮廓、线条、距离等精密的数值。其制图可采用方格标示法、比例标示法、多圆弧角度标示法,以便标志在放大或缩小时能精确地描绘和准确复制(图 2-7)。

图 2-7 联通公司标识

2.1.3 标准字体与专用字体设计

企业的标准字体包括中文、英文或其他文字字体。标准字体是根据企业名称、企业品牌名和企业地址等来进行设计的。标准字体的选用要有明确的说明性,直接传达企业、品牌的名称并强化企业形象和品牌诉求力。可根据需要采用企业的全称或简称,字体的设计要求字形正确、富于美感并易于识读,在字体的线条粗细处理和笔画结构上要尽量清晰、简洁和富有装饰感。在设计时要考虑字体与标志在组合时的协调统一,对字距和造型要做周密的规划,注意字体的系统性和延展性,以适应各种媒体和不同材料的制作,适应各种物品大小尺寸的应用。企业标准字体的笔画、结构和字形的设计也可体现企业精神、经营理念和产品特性,其标准制图方法是将标准字配置在适宜的方格或斜格之中,并表明字体的高、宽和角度等位置关系(图 2-8~图 2-13)。

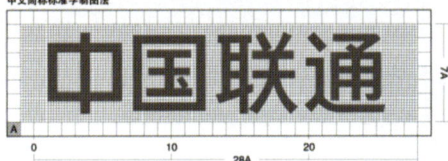

中文简称标准字阳图

中文简称标准字阴图

中文简称标准字制图法

为与标识的造型结构形成统一，特规定中文简称为专用设计字体，使用专用标准字在组合规范中更能达到整体协调，进而使企业形象显现强烈的视觉识别，体现了企业的特色和内涵。

网格制图规定了中文简称标准字的造型比例、结构空间以及笔画粗细等，据此可准确地绘制出公司中文简称的标准字。

实际制作请直接使用CD光盘文件。若CD光盘不能满足使用，请严格按照此制图规范放制。

规范颜色：K100、白、金、银。

注：A为一个基本计量单位。

A-1-14

图 2-8　企业简称中文字体

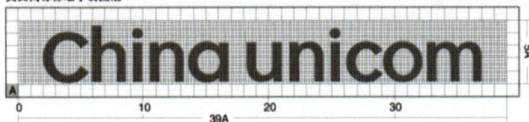

英文简称标准字阳图

英文简称标准字阴图

英文简称标准字制图法

为与标识的造型结构形成统一，特规定英文简称为专用设计字体，使用专用标准字在组合规范中更能达到整体地协调，进而使企业形象显现强烈的视觉识别，体现了企业的特色和内涵。

网格制图规定了英文简称标准字的造型比例、结构空间以及笔画粗细等，据此可准确地绘制出公司英文简称的标准字。

实际制作请直接使用CD光盘文件。若CD光盘不能满足使用，请严格按照此制图规范放制。

规范颜色：C0、M100、Y100、K10
　　　　　100、白、金、银。

注：A为一个基本计量单位。

A-1-15

图 2-9　企业简称英文字体

27

为与标识的造型结构形成统一，特规定汉仪中黑简为中文全称专用字体。专用标准字在组合规范的使用中更能达到整体上的协调，进而使企业形象显现强烈的视觉识别。

网格制图规定了公司中文全称标准字的造型比例、笔画粗细、结构空间等相互关系，据此可准确地绘制出公司中文全称的标准字。

实际制作请直接使用CD光盘文件，若CD光盘不能满足使用，请严格按照此制图规范放制。

规范颜色：K100、白、金、银。

注：A为一个基本计量单位。

中文全称标准字阳图

中国联合通信有限公司

中文全称标准字阴图

中国联合通信有限公司

中文全称标准字制图法

中国联合通信有限公司

0   10   20   30   40   50   60   70   80   90
97A

A-1-16

图 2-10　企业全称中文字体

中国联通公司英文全称标准字与中文标识标准字风格一致，标准字字体采用TIMES体。此制图规范，规定了英文全称标准字的造型比例、笔画粗细、结构空间等相互关系，据此可准确地绘制出公司英文全称标准字。

实际制作请直接使用CD光盘文件。若CD光盘不能满足使用，请严格按照此制图规范放制。

规范颜色：K100、白、金、银。

注：A为一个基本计量单位。

英文全称标准字阳图

CHINA UNITED TELECOMMUNICATIONS CORPORATION

英文全称标准字阴图

CHINA UNITED TELECOMMUNICATIONS CORPORATION

英文全称标准字制图法

CHINA UNITED TELECOMMUNICATIONS CORPORATION

0   10   20   30   40   50   60   70   80   90
93A

A-1-17

图 2-11　企业全称英文字体

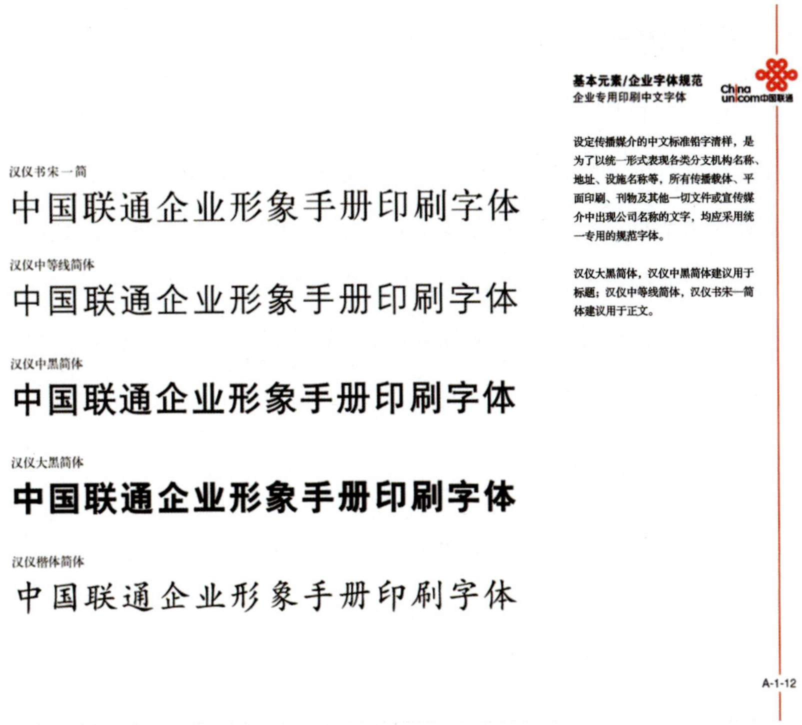

基本元素/企业字体规范
企业专用印刷中文字体

China unicom中国联通

汉仪书宋一简

中国联通企业形象手册印刷字体

汉仪中等线简体

中国联通企业形象手册印刷字体

汉仪中黑简体

中国联通企业形象手册印刷字体

汉仪大黑简体

中国联通企业形象手册印刷字体

汉仪楷体简体

中国联通企业形象手册印刷字体

设定传播媒介的中文标准铅字清样，是为了以统一形式表现各类分支机构名称、地址、设施名称等，所有传播载体、平面印刷、刊物及其他一切文件或宣传媒介中出现公司名称的文字，均应采用统一专用的规范字体。

汉仪大黑简体、汉仪中黑简体建议用于标题；汉仪中等线简体、汉仪书宋一简体建议用于正文。

A-1-12

图 2-12　企业常用中文字体

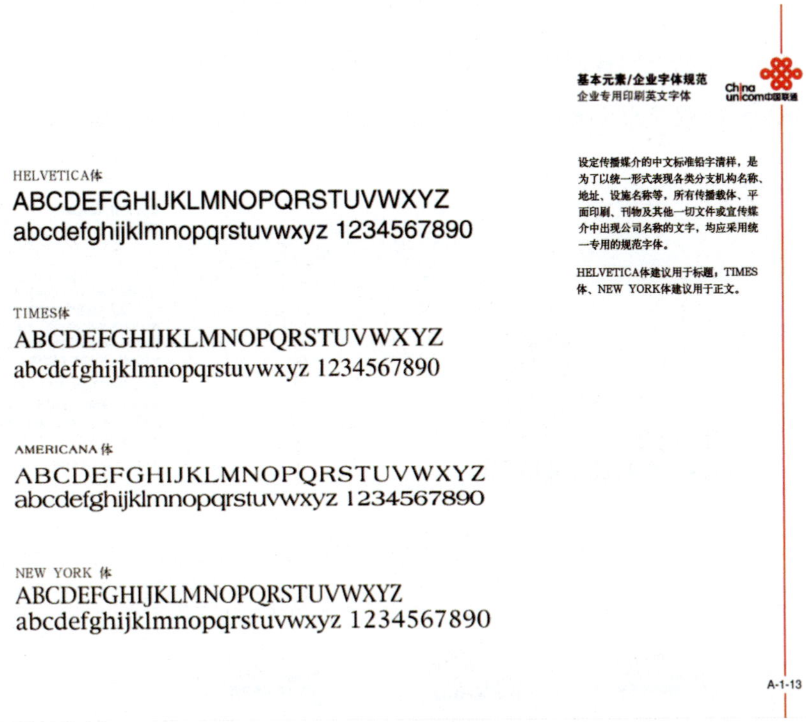

基本元素/企业字体规范
企业专用印刷英文字体

China unicom中国联通

HELVETICA体

ABCDEFGHIJKLMNOPQRSTUVWXYZ
abcdefghijklmnopqrstuvwxyz 1234567890

TIMES体

ABCDEFGHIJKLMNOPQRSTUVWXYZ
abcdefghijklmnopqrstuvwxyz 1234567890

AMERICANA体

ABCDEFGHIJKLMNOPQRSTUVWXYZ
abcdefghijklmnopqrstuvwxyz 1234567890

NEW YORK 体

ABCDEFGHIJKLMNOPQRSTUVWXYZ
abcdefghijklmnopqrstuvwxyz 1234567890

设定传播媒介的中文标准铅字清样，是为了以统一形式表现各类分支机构名称、地址、设施名称等，所有传播载体、平面印刷、刊物及其他一切文件或宣传媒介中出现公司名称的文字，均应采用统一专用的规范字体。

HELVETICA体建议用于标题；TIMES体、NEW YORK体建议用于正文。

A-1-13

图 2-13　企业常用英文字体

　　专用字体即是对企业新使用的主要文字、数字、产品名称结合对外宣传文字等进行统一的设计。其主要包括为企业产品而设计的标识字和为企业对内、对外活动而设计的标识字，以及为报刊广告、招贴广告、影视广告等设计的刊头、标题字体。

2.1.4　标准色彩设计

企业的标准色彩是用来象征企业精神并应用在视觉识别设计中所有媒体上的定制色彩。透过色彩具有的知觉刺激心理反应,可表现出企业的经营理念及产品内容的特质,体现出企业属性和情感。标准色彩在视觉识别符号中具有强烈的识别效应。企业标准色彩的确定要根据企业的行业属性,突出企业与同行的区别,并创造出与众不同的色彩效果。标准色彩的选用是以国际标准色为标准的,企业的标准色彩使用不宜过多,通常不超过三种颜色。

2.1.5　辅助图形设计

企业象征图案是为了配合基本要素在各种媒体上广泛应用,而设计在内涵上要体现企业精神,起到衬托和强化企业形象的作用。通过象征图案的丰富造型来补充标志符号建立的企业形象,其意义更完整、更易识别、更具表现的幅度与深度。象征图案在表现形式上采用简单抽象的形象,并与标志图形保持既对比又协调的关系,也可由标志或组成标志的造型内涵来进行设计。在与基本要素组合使用时,要有强弱变化的律动感和明确的主次关系,并根据不同媒体的需求做各种展开应用的规划组合设计,以保证企业识别的统一性和规范性,强化整个系统的视觉冲击力,产生出视觉的诱导效果(图 2-14)。

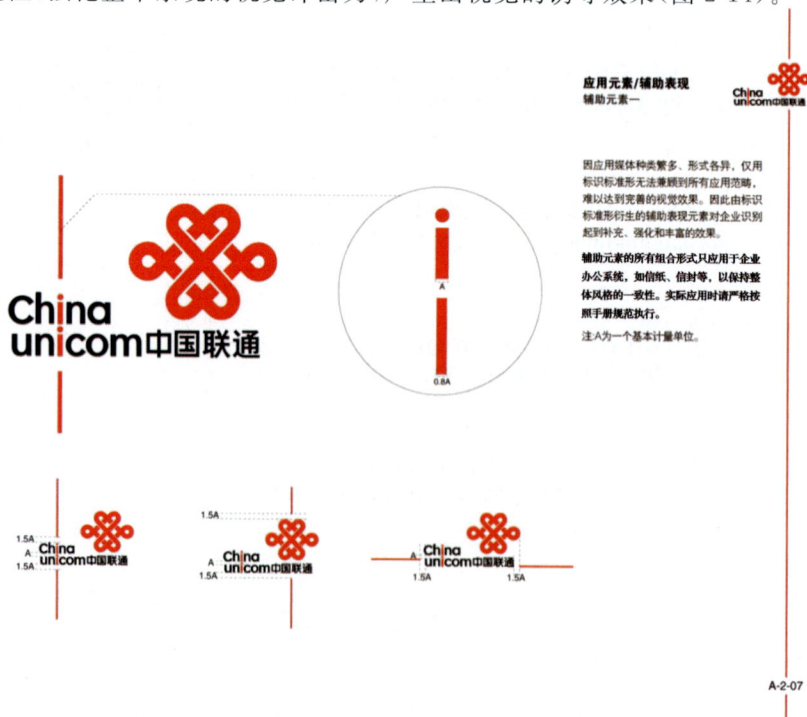

图 2-14　辅助元素

2.2 VI 设计的应用部分

VI 设计中的应用部分(图 2-15)是将企业基础部分如企业标志、企业名称、标准色、广告语等附加到企业的一些实物上,以体现企业文化。其一般包括办公用品、环境设计、交通工具、服装配件、公关礼品等。

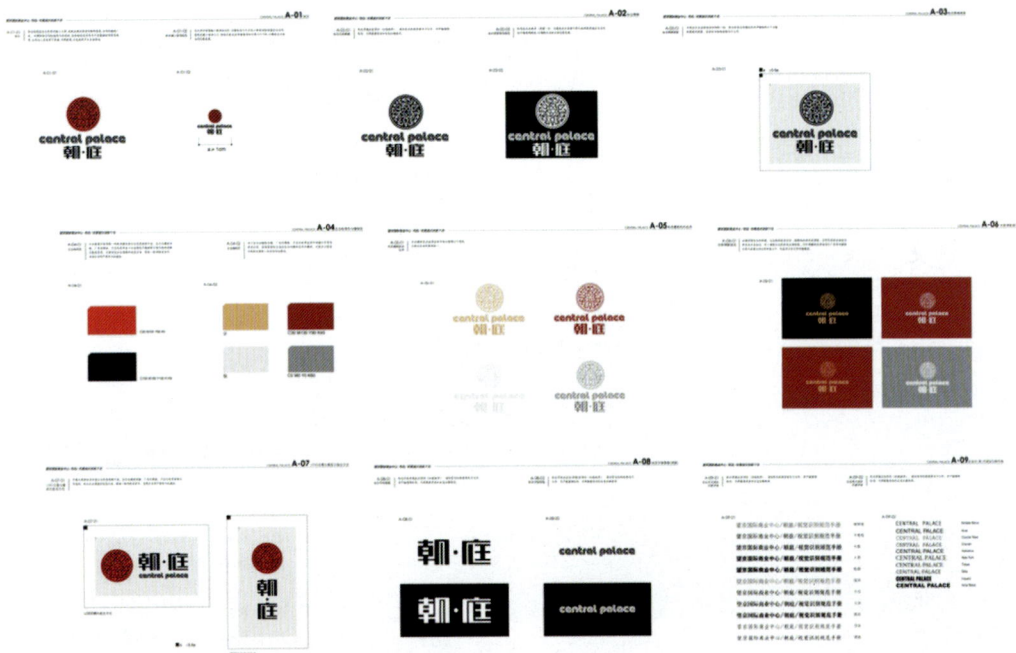

图 2-15 VI 手册中的应用部分

2.2.1 办公用品

办公用品的设计制作应充分体现出强烈的统一性和规范化,表现出企业的精神。其设计方案应严格规定办公用品排列顺序,以标志图形安排、文字格式、色彩套数及所有尺寸为依据,形成办公用品严肃、完整、精确和统一、规范的格式,给人一种全新的感受并表现出企业的风格,同时也展示出现代办公的高度集中和现代企业文化向各领域渗透传播的趋势。其包括信封、信纸、便笺、名片、徽章、工作证、请柬、文件夹、介绍信、账票、备忘录、资料袋、公文表格等(图 2-16～图 2-18)。

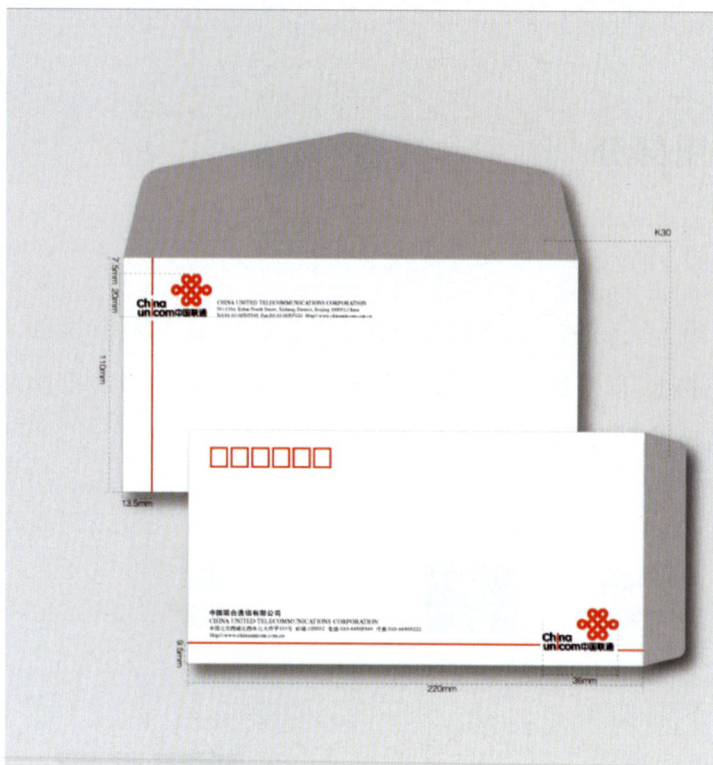

图 2-16　总部用中西式信封

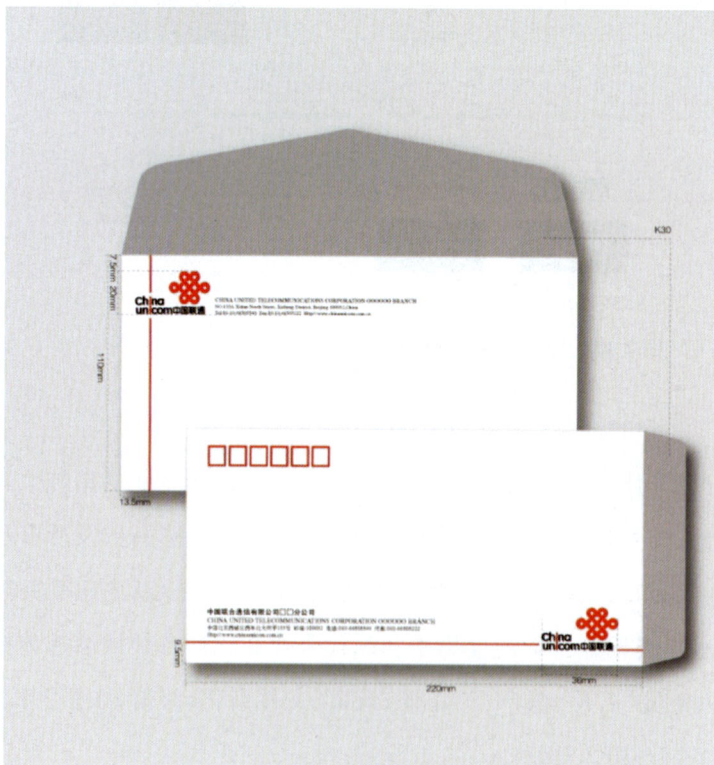

图 2-17　总部中英文信纸/便笺

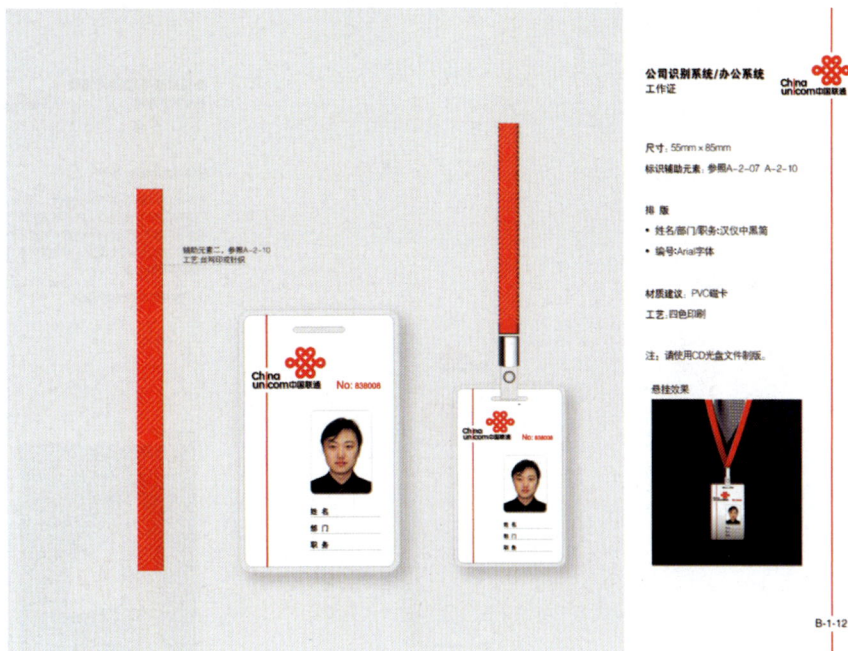

图 2-18　工作证

2.2.2　企业外部建筑环境

企业外部建筑环境设计是企业形象在公共场合的视觉再现,是一种公开化、有特色的群体设计,标志着企业的面貌特征。在设计上借助企业周围的环境,突出和强调企业识别标志,并贯彻于周围环境当中,充分体现企业形象的标准化、正规化,以便使观者在眼花缭乱的都市中对企业产生好感。其主要包括建筑造型、旗帜、门面、招牌、公共标识牌、路标指示牌、广告塔等(图 2-19～图 2-21)。

图 2-19　户外立式标识牌

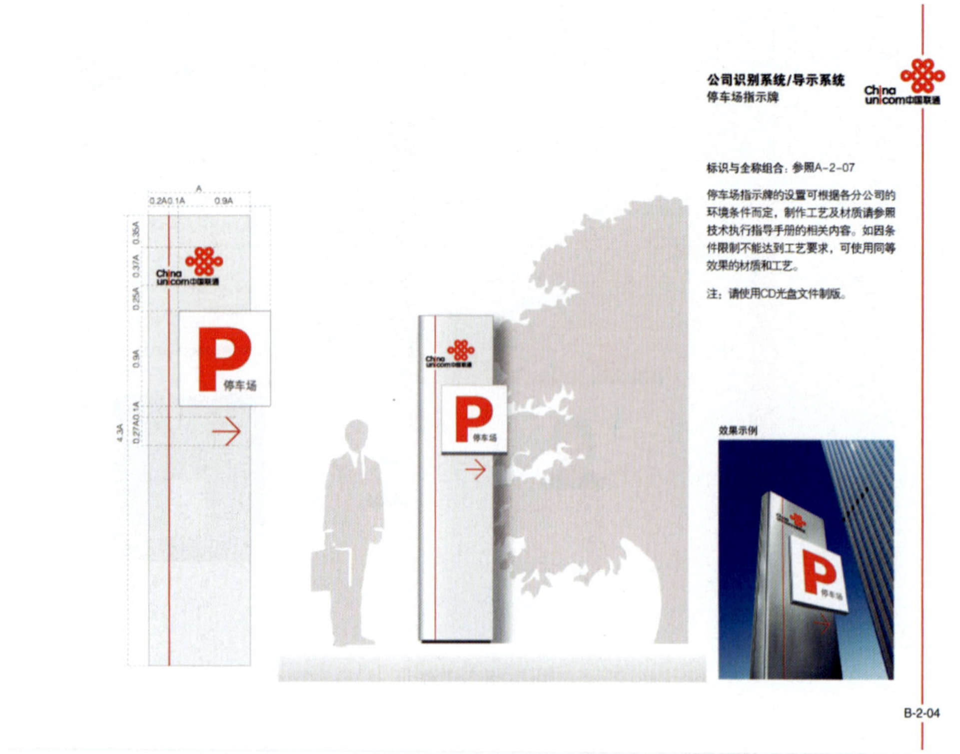

图 2-20 停车场指示牌

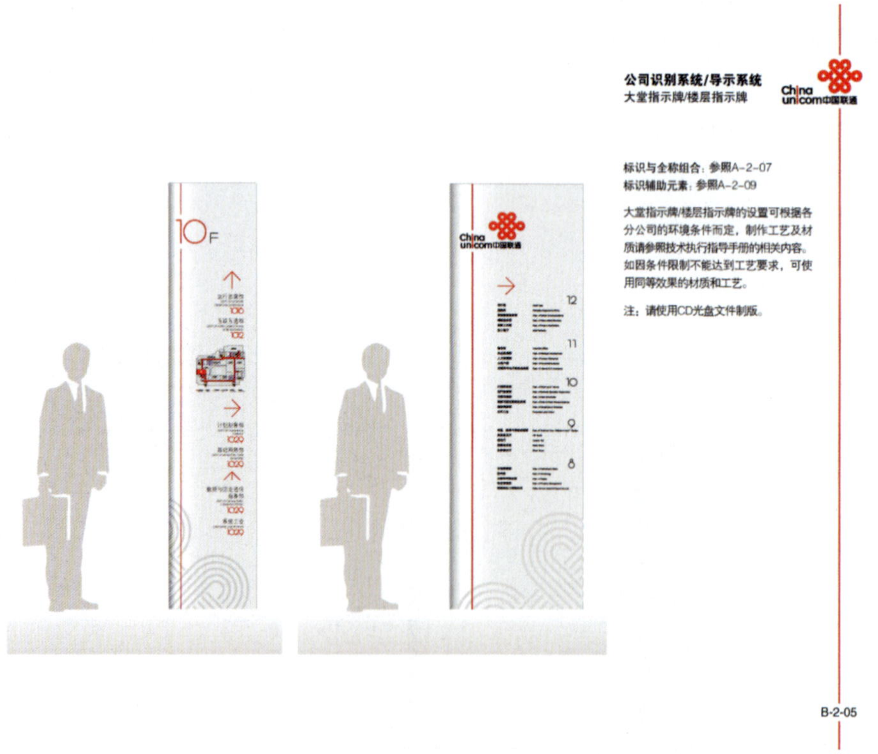

图 2-21 大堂指示牌/楼层指示牌

2.2.3 企业内部建筑环境

企业的内部建筑环境是指企业的办公室、销售厅、会议室、休息室、厂房内部环境形象。设计时应把企业识别标志贯彻于企业室内环境之中，从根本上塑造、渲染、传播企业识别形象，并充分体现企业形象的统一性。其主要包括企业内部各部门标识、企业形象牌、吊旗、吊牌、POP广告、货架标牌等（图2-22、图2-23）。

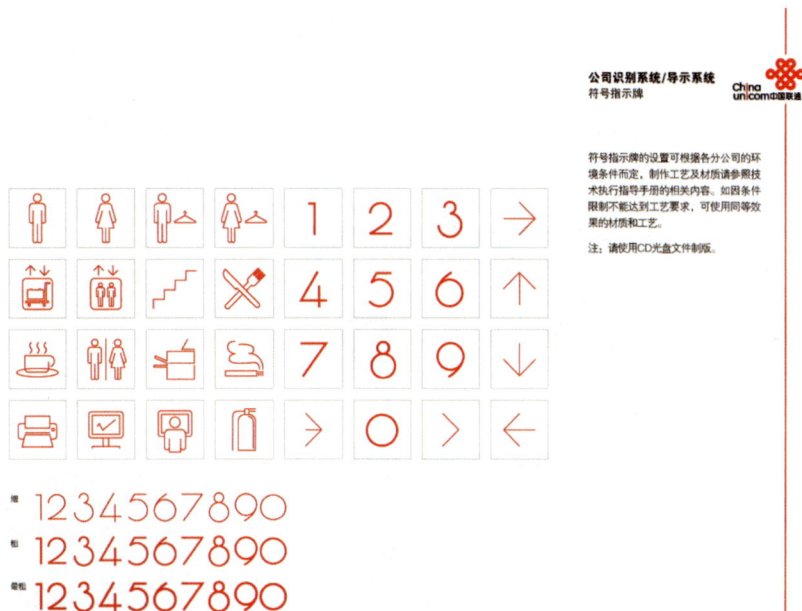

图 2-22 符号指示牌

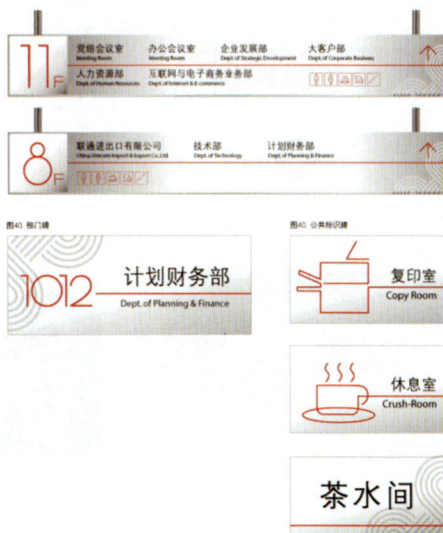

图 2-23 吸顶导视牌

2.2.4　交通工具

　　交通工具是一种流动性、公开化的企业形象传播工具。其多次的流动给人瞬间的记忆，有意无意地建立起企业的形象。设计时应具体考虑它们移动和快速流动的特点，运用标准字体和标准色彩来统一各种交通工具外观的设计效果。企业标志和字体应醒目，色彩要强烈，这样才能引起人们的注意，并最大限度地发挥其流动广告的视觉效果。其主要包括轿车、中巴、大巴、货车、工具车等（图 2-24、图 2-25）。

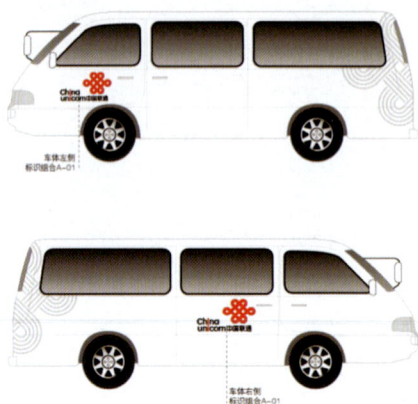

图 2-24　面包车车体导示示例

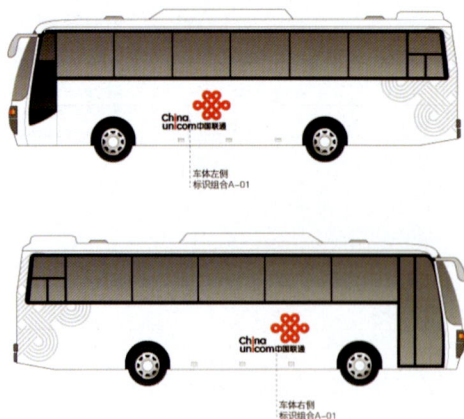

图 2-25　大客车车体导示示例

2.2.5　服装配件

　　企业整洁高雅的统一服装配件设计可以提高企业员工对企业的归属感、荣誉感和主人翁意识，改变员工的精神面貌，促进工作效率的提高。设计时应严格区分工作范围、性质和特点，符合不同岗位的着装要求。其主要有经理制服、管理人员制服、员工制服、礼仪制服、文化衬衫、领带、工作帽、胸卡等。

2.2.6　产品包装

　　产品是企业的经济来源，产品包装起着保护、销售产品，传播企业和产品形象的作用，是一种记号化、信息化、商品化的企业形象，因而代表着企业的形象，并象征着商品质量的优劣和价格的高低。所以系统化的包装设计具有强大的推销作用。成功的包装是最好、最便利地宣传、介绍企业和树立企业良好形象的途径。产品包装主要包括纸盒包装、纸袋包装、木箱包装、玻璃包装、塑料包装、金属包装、陶瓷包装、包装纸等（图 2-26、图 2-27）。

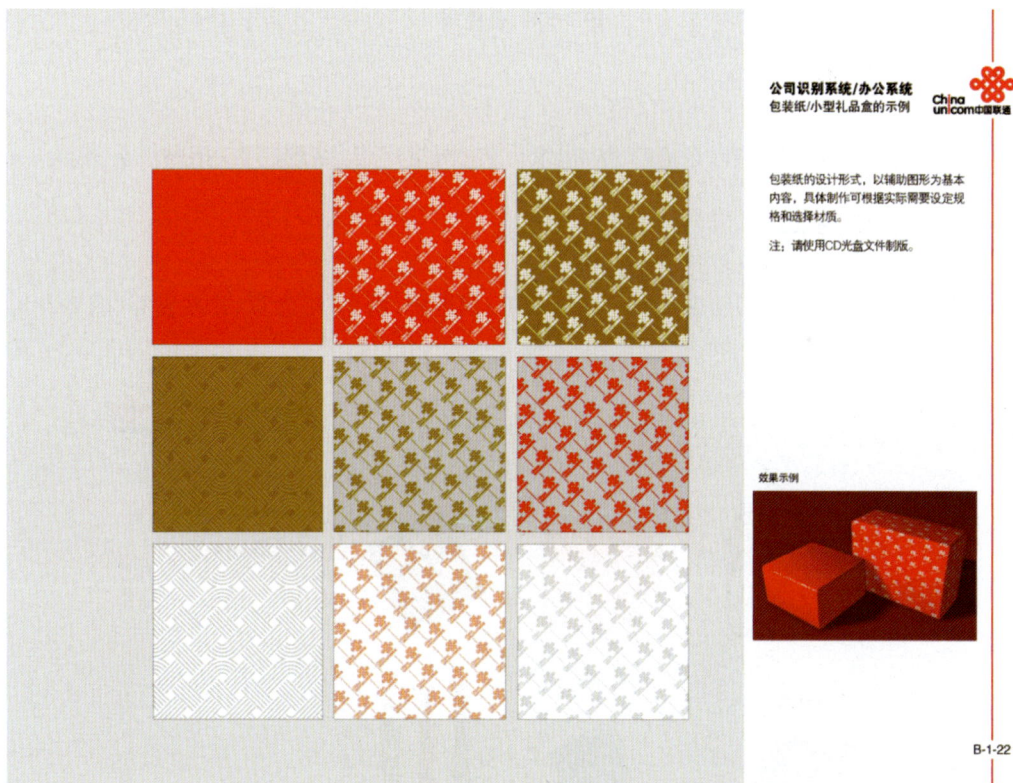

图 2-26　包装纸/小型礼品盒的示例

图 2-27　手提袋

2.2.7　广告媒体

广告媒体包括电视广告、杂志广告、报纸广告、网络广告、路牌广告、招贴广告等。

2.2.8　公关礼品

公关礼品包括 T 恤衫、领带、领带夹、打火机、钥匙牌、雨伞、纪念章、礼品袋等(图 2-28)。

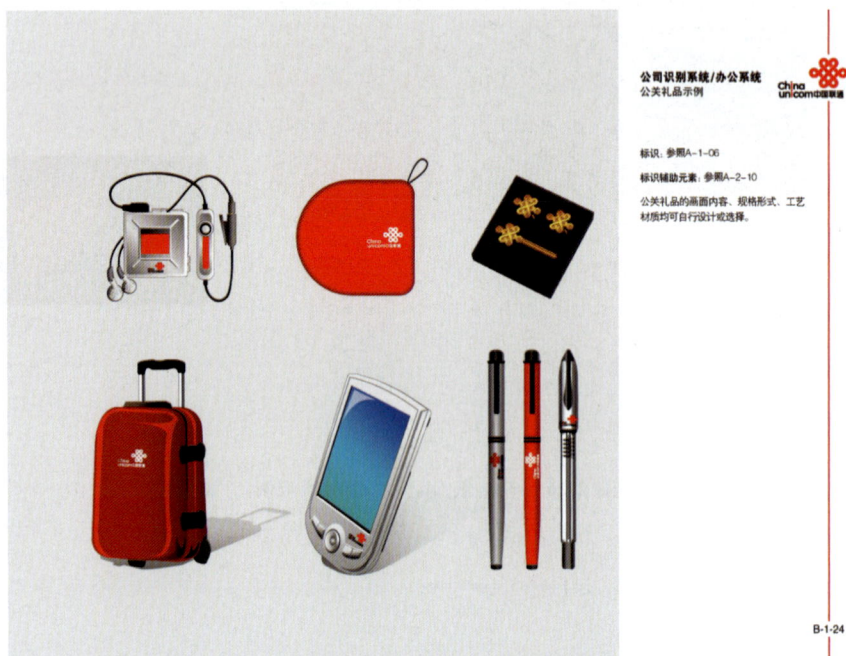

图 2-28　公关礼品示例

2.2.9　陈列展示

陈列展示包括橱窗展示、展览展示、货架商品展示、陈列商品展示等。

2.2.10　印刷品

印刷品包括企业简介、商品说明书、产品简介、年历等。

3 应用模块

3.1 大型企业的 VI 设计应用

企业标志是通过造型简单、意义明确的统一、标准的视觉符号将经营理念、企业文化、经营内容、企业规模、产品特性等要素传递给社会公众,使其识别和认同企业的图案和文字。企业标志是视觉形象的核心,它构成企业形象的基本特征,体现企业的内在素质。好的企业标志作为企业识别系统的基本视觉元素又有其自身的属性,应具备以下方面的特性。

3.1.1 识别性

识别性是企业标志的基本功能。借助独具个性的标志来增强本企业及其产品的识别力,是现代企业市场竞争的"利器"。因此,通过整体规划和设计的视觉符号,必须具有独特的个性和强烈的视觉冲击力。在 CI 设计中,标志是最具有企业视觉认知、识别和信息传达功能的设计要素。世界上最具品牌价值的 logo 都具有很高的识别性(图 3-1)。由靳埭强所设计的中国银行 logo 以铜钱为设计元素,同样具有很高的识别性(图 3-2)。

图 3-1　知名品牌的 logo

图 3-2　中国银行 logo

3.1.2　同一性

标志代表着企业的经营理念、企业的文化特色、企业的规模、企业经营的内容和特点，因而是企业精神的具体象征。因此，可以说社会大众对企业标志的认同等于对企业的认同。企业标志绝不仅仅是企业的脸面，更不能将其作为一种表面的装饰以飨大众。一旦社会大众对标志的认同不能和企业的实际情况相联系，不仅企业标志失去应有的意义，甚至会损害企业的根本利益。因此，只有企业的经营内容或企业的实态与外部象征——企业标志相一致时，才有可能获得社会大众的一致认同。联邦快递的 logo 中暗含着一个箭头，寓意着快速与高效（图 3-3）。

图 3-3　联邦快递的 logo

3.1.3 造型性

企业标志设计表现的题材和形式丰富多彩，如中外文字体、具象图案、抽象符号、几何图形等，因此标志造型变化就显得格外活泼生动。标志图形的优劣，不仅决定了标志传达企业情况的效力，还会影响到消费者对商品品质的信心与对企业形象的认同。宝马和壳牌石油的 logo 虽然历经了 100 多年的发展，但始终保持了最初的造型（图 3-4）。

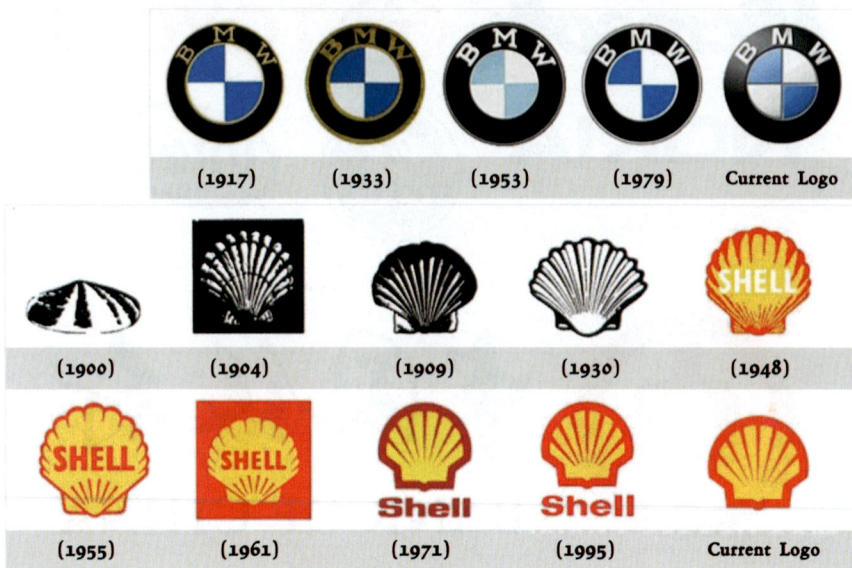

图 3-4　宝马和壳牌石油的 logo

3.1.4 延展性

企业标志是应用最为广泛，出现频率最高的视觉传达要素，必须在各种传播媒体上广泛应用。标志图形要针对印刷方式、制作工艺技术、材料质地和应用项目的不同，采用多种对应性和延展性的变体设计，以产生适宜的效果。苹果公司的不同产品都保持了设计风格上的统一（图 3-5）。

3.1.5 系统性

企业标志一旦确定，随后就应展开标志的精致化作业，其中包括标志与其他基本设计要素的组合规定。目的是对未来标志的应用进行规划，达到系统化、规范化、标准化的科学管理，从而提高设计作业的效率，保持一定的设计水平。此外，当企业视觉结构走向多样化时，可以用强有力的标志来统一各关系企业，采用同一标志不同色彩、同一外形不同图案或同一标志图案不同结构的方式，来强化关系企业的系统化精神。可口可乐是世界上最具影响力的品牌之一，其 VI 设计让不同语言的人都能一眼识别出它的品牌（图 3-6）。

图 3-5　苹果公司的不同产品

图 3-6　不同语言文字的可口可乐 logo

3.2　包装设计中的 VI 设计应用

　　包装设计需要孜孜不倦地尝试与探索。色彩对人类表达思想、情趣、爱好的影响是最直接、最重要的。把握色彩、感受设计、创造美好包装来丰富我们的生活，是我们所处时代所需要的。包装的主要作用有两点：其一是保护产品，其二是美化和宣传产品。包装设计的基本任务是科学、经济地完成产品包装的造型、结构和装潢设计。一个优秀的包装设计是包装造型设计、结构设计、装潢设计三者有机的统一,只有这样,才能充分发挥包装设计的作用。包装设计不仅涉及技术和艺术这两大学术领域,还在各自领域内涉及许多其他相关学科。因此,要得到一个好的包装设计需要下一番苦功。

在当今激烈的市场竞争中和全球一体化的影响下,一个企业可以没有自己的工厂、仓库、办公场所,但是一定要有自己的品牌。大卫·奥格威对品牌的定义为:品牌是一种错综复杂的象征,它是产品属性、名称、价格、历史、文化、品质、包装、广告风格等方面给消费者的印象的综合体,是组织、产品或服务的有形和无形的综合表现,其目的是借以辨认主旨、产品或服务,并使之同竞争对手区分开。现在的企业竞争就是品牌之战、行销之争。同时,产品的同质化现象非常严重,产品本身的差异非常小,有时只能完全依靠包装来区分,市场竞争在某种意义上已表现为商品的包装竞争。那么,包装设计对品牌有怎样的重要作用呢?

3.2.1　品牌的说明书

在自助型销售方式普及的今天,商品在货架上更多是依靠"自我介绍"。一个成功的包装设计不仅要有一个图文并茂的外观形象,更要借机营造出一个令人印象深刻的品牌形象。

包装设计形象中的信息传达着品牌观念,包装作为产品的外衣,是产品直接推销的载体,是品牌形象与消费者直接接触的唯一途径。在产品包装的色彩、手感、图案选择及印刷用纸等方面,应有策略地塑造消费者对品牌形象的第一印象,使其成为品牌形象的第一说明书,进而提高人们的关注率,强化品牌意识,提高产品销量,建立起"会说话的品牌"(图 3-7)。

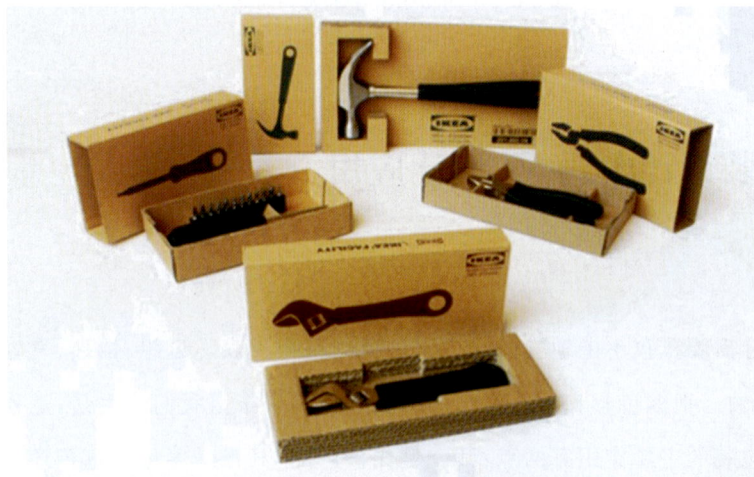

图 3-7　品牌的包装设计(一)

3.2.2 视觉载体

包装设计是图形、色彩、商标等所有元素的综合构成。它与整体品牌诉求是协调统一的。产品的造型、照片、文字通过艺术构图、色彩等表现手法反映到包装上,就能使包装如同一幅幅小型广告牌,从而产生强大的感染力和吸引力。国外有句谚语:"第一印象是磨灭不了的印象。"

一个优秀的包装形象在传播过程中能给消费者留下深刻的印象,能使消费者联想到企业和产品的形象,建立起对企业产品的良好印象和信赖关系。品牌是建立在产品和消费者之间的桥梁,包装是消费者面对产品的第一关,包装直接成了品牌形象。因此,包装设计是品牌形象建立的重要组成部分,是品牌形象的视觉载体,直接关系到产品的命运(图 3-8)。

图 3-8　品牌的包装设计(二)

3.2.3 品质象征

包装设计的好坏直接关系到消费者对产品品质的判断,影响目标受众对品牌形象的第一印象。一个精美的产品包装,不但与好的产品相得益彰,避免了"一流的商品,二流的包装,三流的价格",而且往往使产品平添魅力,身价陡增。包装发展到现在,甚至呈现出独立化发展的倾向。消费者会因偏爱包装而购买不需要的产品;有些消费者在用完产品后,甚至把它的包装收藏起来(图 3-9)。

图 3-9　品牌的包装设计(三)

3.2.4　品牌应用

　　包装设计对品牌有着重要的作用,是品牌建立、发展的重要组成部分;同样品牌对包装设计也有着促进作用。包装设计能否完成预定的市场目标? 能否在短时间内说服消费者? 想达到以上目的,就必须找到自己包装设计的品牌个性所在,找出与别人的不同之处,或者是创造出不同之处(图 3-10)。

图 3-10　品牌的包装设计(四)

3.3　VI 设计中的色彩和个性

　　在设计一个标志前,设计者常常问客户一个问题:"你首选的是哪种配色方案?"设计者想要的答案并不是客户个人对色彩的偏好,而是想知道客户想赋予这个标志什么样的个性以及通过色彩的选择传递什么样的信息。

色彩(图 3-11)为标志塑造了一种情感的联想和情绪的基调,标志的颜色告诉我们这个标志的特征和身份:是正式的还是非正式的,是严肃的还是有趣的、好玩的、超值的、迷人的……每次要给标志上色时,我们都要考虑应该选择哪种颜色并问问为什么这样选。一种色彩准确的象征意义往往取决于不同的人群、不同的地域和不同的文化。比如在英国,白色象征尽善尽美和纯洁;相反在中国,白色用来办丧事,象征西方极乐世界。同样,红色往往与"力量""生命"这些词相联系;而在金融界,红色却是禁忌的颜色。

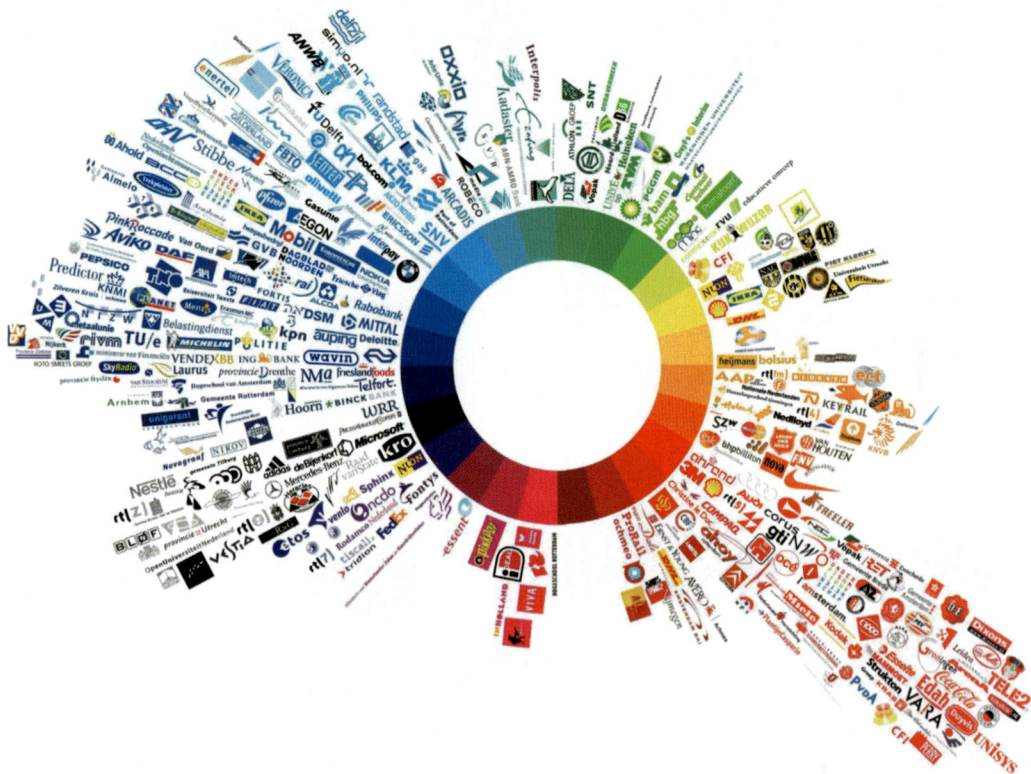

图 3-11　VI 设计中的色彩

不过,在欧美地区颜色的象征意义还是大致相同的,下面把它们列出来并且配上示范的 logo(图 3-12～图 3-19)。

图 3-12　红色——激情、愤怒、禁止、战斗、爱恋、热血、行动、自信、鼓励、活力

图 3-13   黄色——喜悦、智慧、谨慎、懦弱、年轻

图 3-14   绿色——丰盛、金钱、愈合、成功、成长、自然

图 3-15   蓝色——知识、安宁、平静、和平、冷静、真理

图 3-16   黑色——恐惧、消极、高雅、稳定性

图 3-17   紫色——忠诚、智慧、灵性、想象力、魔力、神秘

图 3-18   橙色——创造力、想象力、能源

图 3-19　灰色——中立、安全、成熟、技术含量

3.4　VI 设计中的造型与个性

一个形状总会传达相关标志的性格并暗示拥有该标志的公司、组织或个人的特点。形状显示了我们记忆中的本质，所以标志包含的形状应当是合适的和令人难忘的。我们的大脑正是喜欢通过形状来识别物体，因为这样做非常快。

让我们看看最基本和最常见的形状所传递的信息，以及这些形状在企业标志设计中的使用方式。根据这种信息传达的特点，设计师可以赋予标志某种性格。

3.4.1　圆形

圆形代表着保护或无限。它限制里面的东西，同时不让外面的东西进来，代表着诚信、交流、圆满和完整。圆形仿佛可以自由移动或滚动，其运动感体现了能量和动力。圆形的完整性暗示了无限、团结、和谐。圆形也是优美的，代表了温暖、舒适，同时给人以性感和爱慕的感觉（图 3-20）。

图 3-20　圆形 logo

3.4.2 长方形与正方形

长方形与正方形总是代表着安宁、稳固、安全、和平等。它们是熟悉的和值得信任的形状，意味着诚实可信，其角度代表着秩序、数学、理性和正式。长方形是最常见的几何形状，我们阅读的大多数文本都隐藏着长方形或正方形。正方形有时也被理解为无聊，一般不引起别人的注意，但当它们倾斜时就可以带来始料不及的感受（图3-21）。

图3-21 方形 logo

3.4.3 三角形

三角形代表着稳定，当它旋转呈现角度时则代表了紧张、冲突、运动感和侵略性。三角形有着无限的能量和力量，基于不同的角度，它们可以营造不同的运动感，其动态可以表现出各种冲突或稳定的感觉。三角形可用于传达进展、方向和目的。三角形是平衡的，能够成为法律、科学与宗教的象征。一方面三角形可以用来代表金字塔、箭头和锦旗等熟悉的主题，另一方面它们可以代表宗教三位一体、自我发现和启示（图3-22）。

图3-22 三角形 logo

【案例赏析1】

Meals on Wheels Association of America（膳食车轮协会）被认为是美国同类型协会或组织中最优秀、规模最大的全国性组织。它通过全美各地5000多个社区的送餐计划为250万需要服务的老人送餐上门。后来，膳食车轮协会缩短了自己的名称，并邀请位于明尼阿波利斯的设计公司 Duffy & Partners 为其设计了全新的形象标志及新的宣传材料。新标志中的"M"和"W"是前进车轮的组合，象征富有爱心的志愿者与需要食物的人士相互结合，聚集在一起（图3-23～图3-28）。

图 3-23　膳食车轮协会 logo(一)

图 3-24　膳食车轮协会 logo(二)

图 3-25　膳食车轮协会 logo(三)

图 3-26　膳食车轮协会 logo(四)

图 3-27　膳食车轮协会 logo(五)

图 3-28　膳食车轮协会 logo(六)

【案例赏析 2】

蒙特利尔旅游局是一个民间的非营利组织,创建于 1919 年,1924 年成为一个独立的法人团体,成员由 725 个蒙特尔旅游从业机构组成,其宗旨是向世界各地游客推销蒙特利尔这一非凡独特的旅游目的地。其主要职责和活动是领导广大会员,共同努力让蒙特利尔成为一个广为人知的理想的休闲和商务旅游品牌;为会员创造更多的商机,促进本地经济和社会的发展;根据市场情形变化对蒙特利尔进行定位包装(图 3-29～图 3-33)。

图 3-29　蒙特利尔 logo(一)

图 3-30　蒙特利尔 logo(二)

图 3-31　蒙特利尔 logo(三)

图 3-32　蒙特利尔 logo(四)

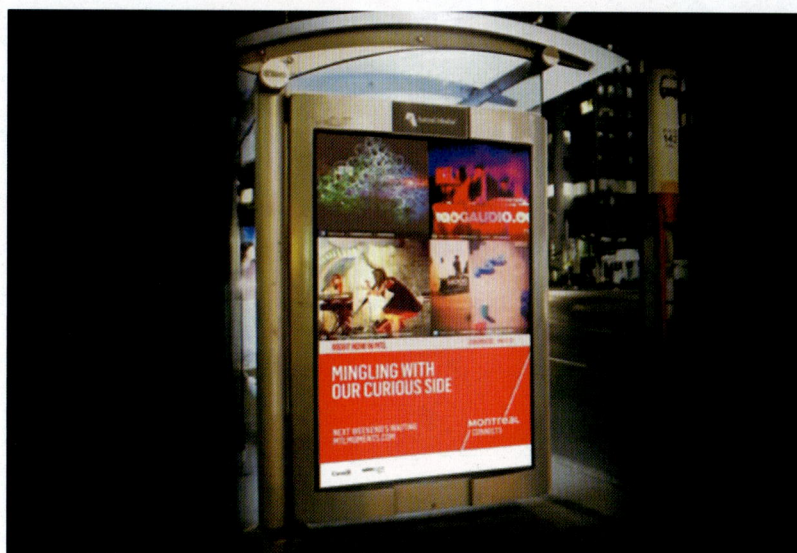

图 3-33　蒙特利尔 logo(五)

【案例赏析 3】

　　DPD 隶属于欧洲三大包裹快递运营商之一的 Geopost 集团,成立于 1976 年,总部位于德国法兰克福。2001 年法国收购德国第二大包裹服务公司 DPD 35％的股权,成为单一最大控股股东。DPD 拥有全球最大的运输网络,它能确保客户的货物快速、可靠地到达 220 多个国家,也是全球五大快递集团之一(图 3-34～图 3-38)。

图 3-34　DPD logo(一)

图 3-35　DPD logo(二)

图 3-36　DPD logo(三)

图 3-37　DPD logo(四)

图 3-38　DPD logo(五)

【案例赏析4】

UNHCR Innovation 是 2012 年 4 月成立的小型创新小组。这一小组的主要任务是在 125 个国家通过现有的最佳实践方法及肯定难民署内创意者的价值来放大难民署内的创新活动,同时将难民署内志同道合的创新人士联系起来,并给予他们解决实际挑战方案所需要的时间、资源和专业知识;探寻难民署机构以外能把机构内专业知识与机构外知识相结合的创新活动,特别是在私人企业和学术领域(图 3-39~图 3-43)。

图 3-39　UNHCR Innovation logo(一)

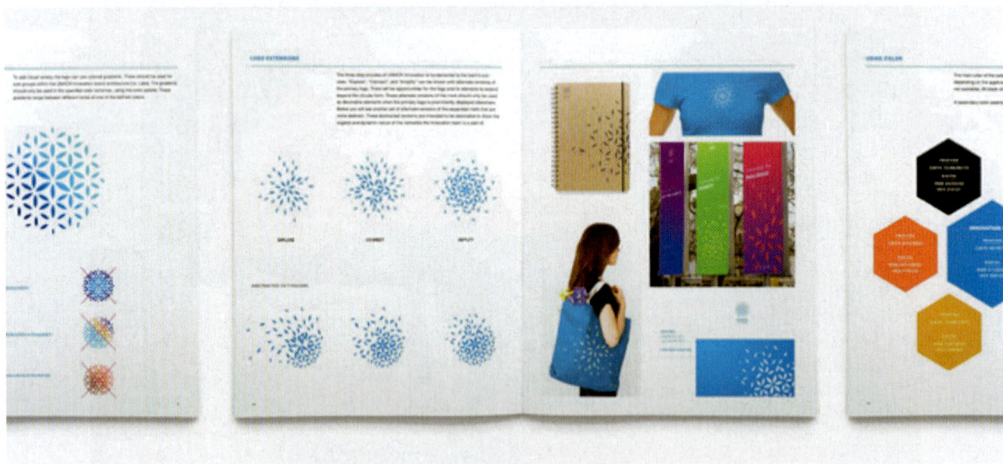

图 3-40　UNHCR Innovation logo(二)

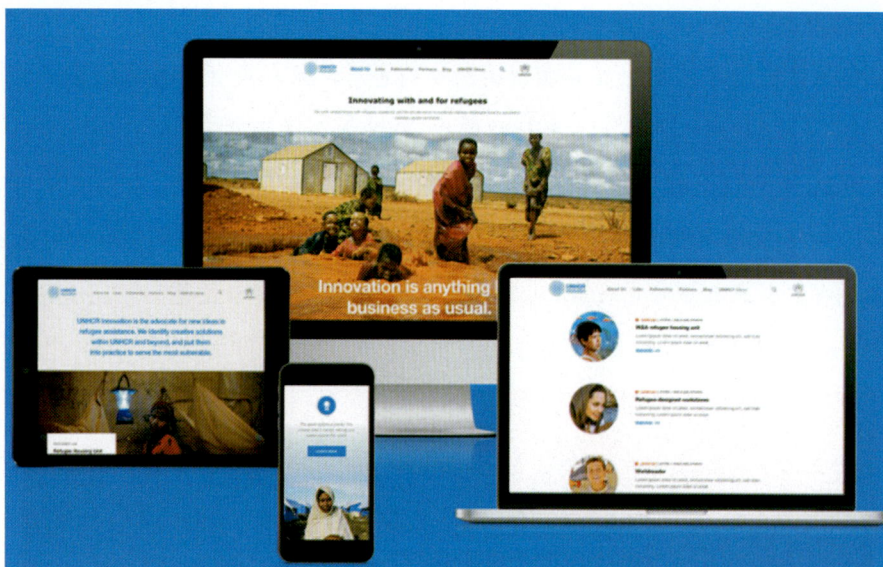

图 3-41　UNHCR Innovation logo(三)

图 3-42　UNHCR Innovation logo(四)

图 3-43　UNHCR Innovation logo(五)

【案例赏析5】

英国创作艺术大学(UCA)是英国顶尖的专门进行艺术与设计的教育机构。该校是由萨里艺术与设计学院和肯特艺术与设计学院在2008年合并而成,历年来已经造就了非常成功的校友群,包括设计师、艺术家、沟通者、平面设计师、时装设计师,以及奥斯卡动画奖得主等。UCA是英国最完善的艺术大学,其教育宗旨在于达到教、学与研究的最高学术水平。该校有充满活力的研究社群,从事视觉艺术、建筑、媒体与通信、工艺、时尚、流行营销、管理与设计等领域的研究活动(图3-44~图3-47)。

图 3-44　UCA logo(一)

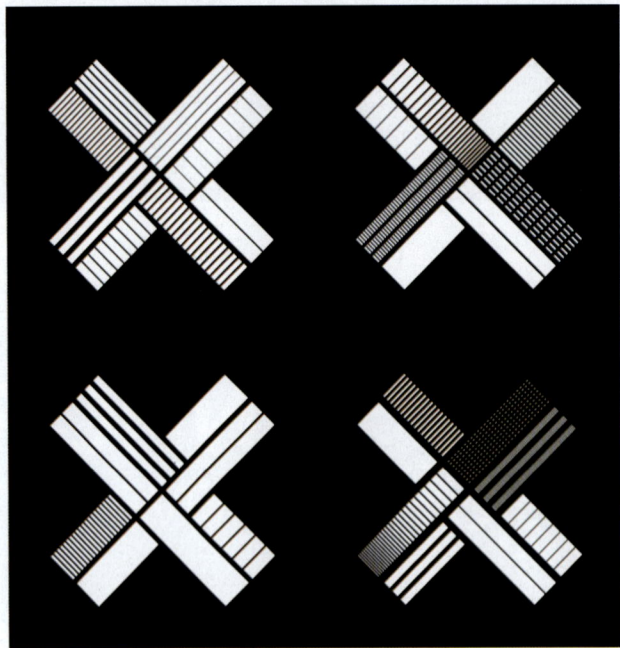

图 3-45　UCA logo(二)

图 3-46 UCA logo(三)

图 3-47 UCA logo(四)

【案例赏析 6】

苏伊士环境集团(Suez Environnement)致力于为工业及数百万民众提供资源保护的创新方案,从而达到保护资源的目的。苏伊士环境集团向 9700 万人提供饮用水,向 6600 万人提供污水处理服务,向近 5000 万人提供废料收集服务。苏伊士环境集团业务遍布五大洲,拥有 79550 名员工,是世界领先且专门致力于环境服务的公司。根据集团 2013 年财务报表,苏伊士环境集团营业额达 146 亿欧元。苏伊士环境集团宣布将旗下所有业务整合到"苏伊士环境"同一个品牌之下,并定位为资源的可持续管理者(图 3-48～图 3-51)。

图 3-48　Suez Environnement logo(一)

旧　新

图 3-49　Suez Environnement logo(二)

图 3-50　Suez Environnement logo(三)

图 3-51　Suez Environnement logo(四)

【案例赏析 7】

越南国家航空(VNA)公布了飞行员及客机乘务员的新制服设计。新的 logo 式样由以蓝色为背景颜色改为以白色为背景颜色,文字则由白色改为蓝色,字体也带有圆润感。作为越南国花的黄金莲花图案和布局依然保留(图 3-52～图 3-54)。

图 3-52　VNA logo(一)

图 3-53　VNA logo(二)

图 3-54　VNA logo(三)

【案例赏析 8】

　　VTMKzoom 是比利时儿童频道,由比利时 Flemish 集团拥有。VTMKzoom 目前推出了全新的频道形象包装,包括全新的频道标志。新标志由法国广播设计机构 Gédéon 设计,音乐部分则由 La Plage Records 制作。全新的形象以流畅和精致的动画展现了VTMKzoom 生动有趣的品牌风格(图 3-55～图 3-59)。

图 3-55　VTMKzoom logo(一)

图 3-56　VTMKzoom logo(二)

图 3-57　VTMKzoom logo(三)

图 3-58　VTMKzoom logo(四)

图 3-59　VTMKzoom logo(五)

【案例赏析 9】

奇华顿(Givaudan)是全球香精香料行业的领导者,向全球的食品、饮料、消费品及香精公司提供食用香精和日用香精。总部位于瑞士韦尔涅的奇华顿,拥有香精香料行业25％的市场占有率,其市值约为 170 亿瑞士法郎。2000 年 6 月,奇华顿在瑞士证券交易所上市,是瑞士 30 家市值最大的公司之一。奇华顿在 2014 年的销售额达到 44 亿瑞士法郎,全球员工超过 9700 人,分支机构达 88 个,占据全球主要市场,在成熟市场和发展中地区有34 处生产工厂(图 3-60～图 3-64)。

旧　新

图 3-60　Givaudan logo(一)

图 3-61　Givaudan logo(二)

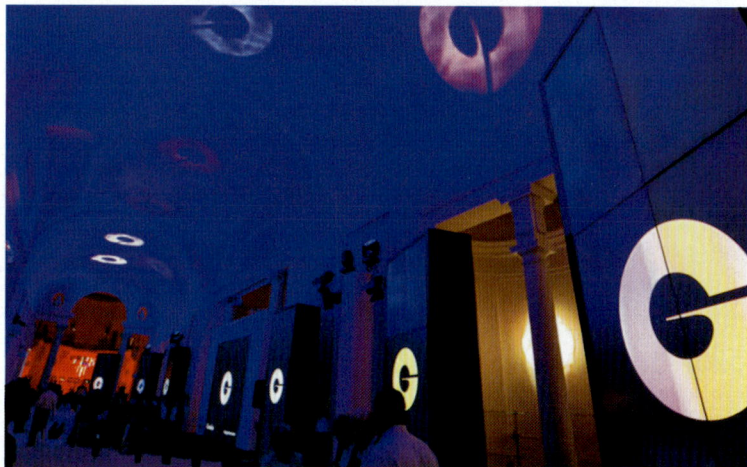

图 3-62　Givaudan logo(三)

图 3-63　Givaudan logo(四)

图 3-64 Givaudan logo 延展应用

【案例赏析 10】

皇家阿尔伯特音乐厅(Royal Albert Hall)是位于英国伦敦西敏市区骑士桥的艺术地标,该音乐厅众所周知的活动是自 1941 年以来一年一度的夏季逍遥音乐会。自维多利亚女王在 1871 年为音乐厅开幕后(音乐厅本来被称为中央艺术科学大厅,但被维多利亚女王改名为皇家阿尔伯特艺术科学大厅,献给她已故的王夫阿尔伯特亲王),世界顶尖的艺术家每年夏季逍遥音乐会都会出现在该地标。它每年举办超过 350 场演出,包括古典音乐演奏会、摇滚乐和流行乐音乐会、芭蕾和歌剧、颁奖典礼、学校和社区活动、慈善演出和豪华宴会(图 3-65～图 3-69)。

旧 新

图 3-65 Royal Albert Hall logo(一)

图 3-66　Royal Albert Hall logo(二)

图 3-67　Royal Albert Hall logo(三)

图 3-68　Royal Albert Hall logo（四）

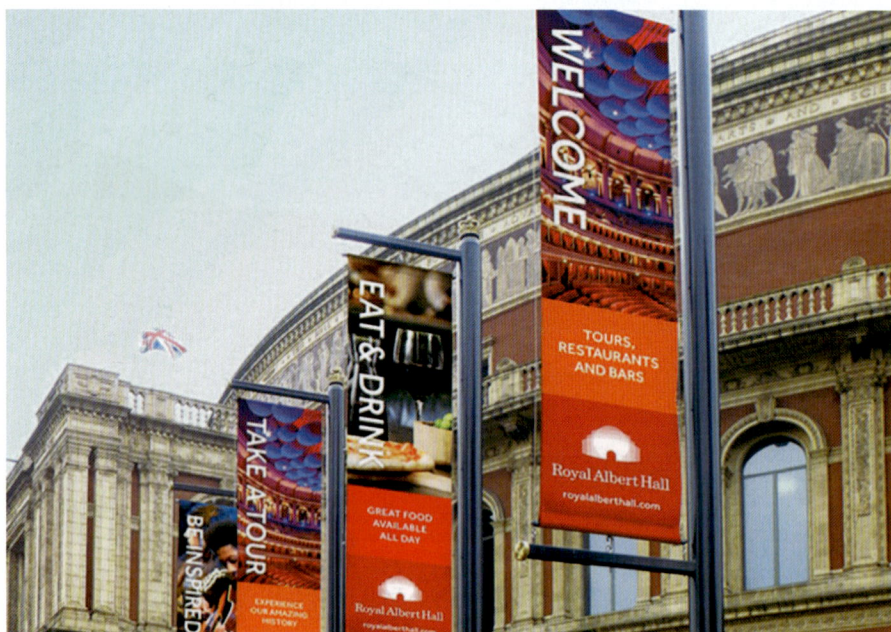

图 3-69　Royal Albert Hall logo（五）

参 考 文 献

[1] 【美】鲁道夫·阿恩海姆.艺术与视知觉[M].孟沛欣,译.长沙:湖南美术出版社,2008.

[2] 王受之.世界现代设计史[M].北京:中国青年出版社,2002.

[3] 李泽厚.美的历程[M].北京:生活·读书·新知三联书店,2009.

[4] 冯友兰.中国哲学简史[M].北京:生活·读书·新知三联书店,2013.

[5] 【英】罗伯特·克雷.设计之美[M].尹弻,译.济南:山东画报出版社,2010.